ABI 2023

Auf einen Blick

Deutsch

Niedersachsen

STARK

Bildnachweis:
Juli Zeh (S. 20): © picture alliance / Stephan Persch | Stephan Persch

www.stark-verlag.de

Inhalt

Was erwartet mich?

Die **Prüfungsthemen des Deutschabiturs in Niedersachsen** im Jahr **2023** reichen von Heinrich Manns *Der Untertan* (1914/18) bis zu Juli Zehs *Corpus Delicti* (2009). Das vorliegende Büchlein hilft Ihnen dabei, bei diesen Themen den Überblick zu behalten.

- Jede Doppelseite beginnt mit einem **Schaubild**, das ein schnelles Erfassen des Themas ermöglicht und seine zentralen Merkmale veranschaulicht. Durch die grafische Gestaltung werden Zusammenhänge auf einen Blick deutlich und sind leichter zu behalten.
- Das **Kästchen** neben den Grafiken vermittelt wissenswerte, interessante oder kuriose Zusatzinformationen zum Thema. Diese gehören sicher nicht zum Standardwissen, können aber dabei helfen, sich die abiturrelevanten Inhalte besser einzuprägen.
- Die Doppelseiten zu den **literarischen Werken** sind nach folgenden Rubriken aufgebaut:
  - Eine **Biografie** gibt zentrale Einblicke in die private und berufliche Welt des Autors.
  - Der Abschnitt **Inhalt** bietet eine prägnante Zusammenfassung der Handlung des Werks.
  - Die Rubrik **Aufbau und Form** stellt u. a. die Struktur und die Sprache des Werks dar.
  - Unter den **Deutungsansätzen** werden die wichtigsten Lesarten erläutert.

  Im Inhaltsverzeichnis können Sie sehen, welche Werke für das grundlegende Anforderungsniveau (gA) und welche für das erhöhte Anforderungsniveau (eA) relevant sind.
- Zwei Doppelseiten bieten einen **Überblick** über die **nichtliterarischen Vertiefungstexte**, deren Kenntnis für das Abitur vorausgesetzt wird. Die Abkürzungen „eA“ und „gA“ kennzeichnen hier jeweils wieder das Anforderungsniveau.
- Drei weitere Doppelseiten beschreiben die **Grundlagen der Analyse von literarischen Texten**.
- Im Kapitel **Allgemeines** fasst eine **Mini-Literaturgeschichte** die zentralen Epochen vom Barock bis zur Gegenwart knapp zusammen. Außerdem stellt eine Doppelseite knapp die wichtigsten Merkmale verschiedener **Textsorten** bzw. Untergattungen dar. Eine **Stilmittel-Übersicht** mit gut zu merkenden Beispielen rundet das Grundwissenskapitel ab.

Der STARK Verlag wünscht Ihnen mit dem Buch viel Freude und für das Abitur viel Erfolg!

Auf einen Blick

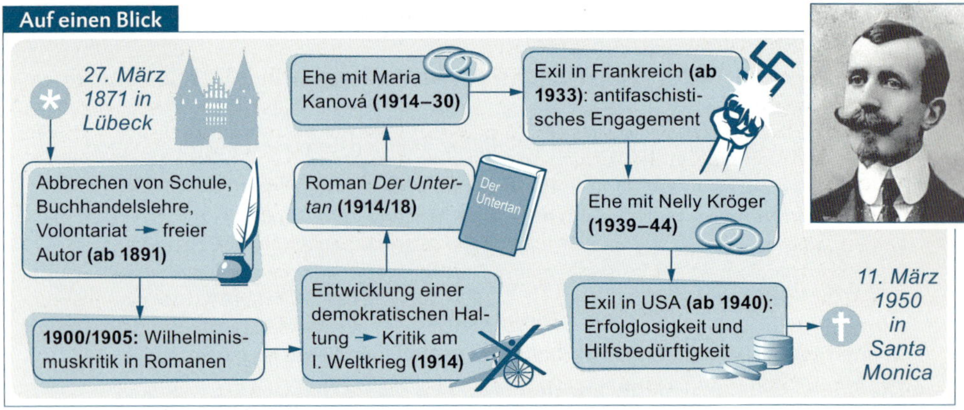

Kindheit und Jugend (1871–1889)

- Geburt am 27. März 1871 in der Freien Hansestadt **Lübeck**
- **Vater** Thomas Johann Heinrich Mann, wohlhabender Getreidegroßhändler und angesehener Senator → legt Wert auf **bürgerliche Tugenden** (Korrektheit, Ordnungswillen, Leistungsethos)
- vier Geschwister: Thomas (geb. 1875), Julia (geb. 1877), Carla (geb. 1881) und Viktor (geb. 1890) → besondere Vorliebe der Mutter für Thomas – Gefühl der Vernachlässigung bei Heinrich
- schon mit etwa 14 Jahren erste Veröffentlichungen von literarischen Texten
- Verlassen des Gymnasiums **ohne Abschluss** (1889)

Leben als Schriftsteller in Deutschland (1889 –1933)

- Beginn einer **Buchhandelslehre** im Herbst 1889 in Dresden → Abbruch der Lehre im Jahr darauf
- zwei Jahre in Berlin: **Volontariat** beim S. Fischer Verlag und Studium → beides abgebrochen
- Tod des Vaters (1891), der testamentarisch verfügte, dass sein Sohn Heinrich kein Schriftsteller werden solle, weil es dazu bei ihm nicht reiche
- Entscheidung für Arbeit als **freier Schriftsteller** (1891)
- Auflösung des Unternehmens des Vaters → Umzug der Familie nach **München** (1893)
- Unterstützung von Heinrichs literarischen Ambitionen durch seine Mutter → finanzielle Hilfe bei der Veröffentlichung von Heinrichs Romandebüt *In einer Familie* (1894)
- 1890er-Jahre: **kein dauerhafter Wohnsitz**, längere Reisen und Aufenthalte im Ausland (v. a. in Italien, z. T. auch mit seinem Bruder Thomas)
- 1895/96: Herausgabe der monatlich erscheinenden Zeitschrift *Das Zwanzigste Jahrhundert*, die für einen radikalen Antisemitismus steht, von dem er sich später aber löste
- Veröffentlichung der **wilhelminismus- und bürgertumskritischen Romane** *Im Schlaraffenland* (1900) und *Professor Unrat oder das Ende eines Tyrannen* (1905)
- 1910: Suizid der geliebten Schwester Carla
- zu Beginn der 1910er-Jahre: zunehmend Überzeugung, dass **Intellektuelle politisch engagiert** sein sollten – außerdem Nähe zu sozialdemokratischen Ideen
- ab 1911: Arbeit am Manuskript von *Der Untertan*
- Kennenlernen der **Prager Schauspielerin Maria Kanová**, die er 1914 **heiratet** und die 1916 ihre gemeinsame Tochter zur Welt bringt → gemeinsames Leben in München

- 1914: **Abschluss des Romans *Der Untertan*** – die Veröffentlichung als Vorabdrucke in der Zeitschrift *Zeit im Bild* wird jedoch abgebrochen
- kriegskritische Haltung schon zu Beginn des Ersten Weltkrieges (1914–1918) → **Zerwürfnis** mit kriegsbegeistertem **Bruder Thomas**, der eine konservative, monarchienahe Position einnimmt
- Veröffentlichung des Essays *Zola* (1915), in dem er seine Nähe zum französischen Schriftsteller Émile Zola bezeugt und sich gegen die politischen Ansichten seines Bruders Thomas richtet
- **Veröffentlichung von *Der Untertan*** (1918) als Buch → großer Erfolg
- Zeit der Weimarer Republik: verschiedene Reden und Schriften mit pro-demokratischer Position → später zunehmend deutliche Haltung gegen den erstarkenden Nationalsozialismus
- 1922: **Versöhnung** mit **Bruder Thomas**, der sich inzwischen auch zur Demokratie bekennt
- 1928: **Trennung von seiner Frau Maria** (Scheidung 1930) → Umzug nach Berlin → Beziehung zu der sehr viel jüngeren Bardame **Nelly Kröger**
- Verfilmung des Romans *Professor Unrat oder das Ende eines Tyrannen* unter dem Titel *Der blaue Engel* (1930) → im Zuge dessen wird auch das Buch berühmt
- 1931–1933: Präsident der Sektion *Dichtkunst* der *Preußischen Akademie der Künste*

Flucht und Exil (1933–1950)

- 1933, Jahr der **nationalsozialistischen Machtübernahme:**
  - Unterzeichnung eines **Aufrufs zum Zusammenschluss von SPD und KPD**, um der **NSDAP** wirksam **entgegenzutreten** → erzwungener Austritt aus der *Akademie der Künste*
  - **Flucht aus Deutschland** vor den Nationalsozialisten nach Frankreich
- 1933–1940: Lebensmittelpunkt Nizza
  - **politisches Engagement für eine antifaschistische Volksfront gegen Hitler** (Vorsitzender des *Vorbereitenden Ausschusses zur Schaffung einer deutschen Volksfront*)
  - Veröffentlichung der Romane *Die Jugend des Königs Henri Quatre* (1935) und *Die Vollendung des Königs Henri Quatre* (1938)
  - 1939: **Hochzeit mit Nelly Kröger**
- 1940: nach Kapitulation Frankreichs vor dem Nazi-Regime → **Flucht in die USA**
- **Exil in Kalifornien:**
  - zu Beginn einjährige Tätigkeit als Drehbuch-Schreiber bei Warner Brothers
  - trotz literarischer Produktivität **keine schriftstellerischen Erfolge** – er ist angewiesen auf den Lohn seiner Frau und auf finanzielle Unterstützung durch den erfolgreicheren Bruder Thomas
  - **kein Heimisch-Werden** im Exil
  - 1944: **Suizid seiner alkoholkranken Frau Nelly**
  - Veröffentlichung seiner Memoiren unter dem Titel *Ein Zeitalter wird besichtigt* (1945)
  - 1949: Wahl zum Präsidenten der *Deutschen Akademie der Künste* (Ostberlin)
  - 1950: **Tod Heinrich Manns**, bevor er nach Deutschland zurückkehren konnte, um das Amt des Präsidenten der *Deutschen Akademie der Künste* anzutreten

Werkauswahl

- ***Professor Unrat oder das Ende eines Tyrannen*** (1905): Roman über den äußerst strengen Lehrer Raat, der einer Bartänzerin verfällt → Entlarvung bürgerlicher Doppelmoral
- ***Die Jugend des Königs Henri Quatre*** (1935) / ***Die Vollendung des Königs Henri Quatre*** (1938): historische Romane über den französischen Renaissance-König Heinrich IV. → humanistisches Gegenbild zur Nazi-Herrschaft

Auf einen Blick

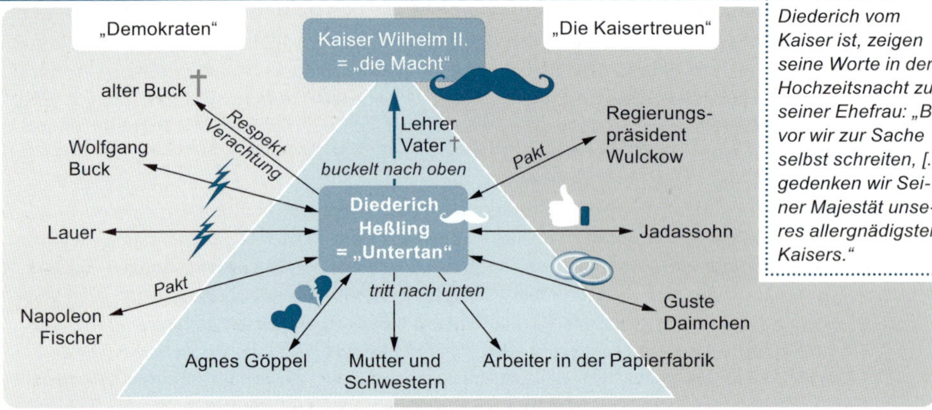

Wie besessen Diederich vom Kaiser ist, zeigen seine Worte in der Hochzeitsnacht zu seiner Ehefrau: „Bevor wir zur Sache selbst schreiten, [...] gedenken wir Seiner Majestät unseres allergnädigsten Kaisers.“

Kapitel I

- Aufwachsen Diederich Heßlings als sensibles und **„weiches“ Kind** in der deutschen Provinzstadt **Netzig:** Verachtung für die ihm ähnelnde Mutter wegen ihrer Schwäche ↔ **Bewunderung für den autoritären, prügelnden Vater** als Repräsentanten der Macht
- **Wohlfühlen in Machtstrukturen des Gymnasiums** trotz schwacher Position darin → Gunst der Lehrer nach Demütigung eines jüdischen Jungen und durch Denunziationen anderer Schüler
- auf Wunsch des Vaters **Chemiestudium in Berlin** → Kennenlernen von **Herrn Göppel** (Geschäftsfreund des Vaters), zu dessen Tochter **Agnes** Diederich sich heimlich hingezogen fühlt, ABER: Konkurrieren mit dem selbstbewussteren Mahlmann um Agnes
- nach Aufenthalt in der Heimat Beitritt zu **Studentenverbindung Neuteutonia:** Trinkgelage und Fechtkämpfe → Zuwachs an Mut und Selbstbewusstsein in der hierarchischen **Männergruppe**
- nach Tod des Vaters: kurze Dienstzeit in der **Armee** → Begeisterung für Militarismus, aber Ablehnung der Anstrengungen für sich selbst → Diederich erreicht seine **Ausmusterung**
- Diederich als Zeuge einer **Demonstration von Arbeitslosen**, die der vorbeireitende Kaiser dann zu beruhigen scheint → Begeisterung vieler Menschen → Attacke Diederichs gegen kaiserkritischen Mann → **Sturz Diederichs** in eine Pfütze **zu Füßen des Kaisers**, der ihn auslacht

Kapitel II

- **Liebesglück** Diederichs nach erster Nacht mit Agnes → Verliebtheit und Treueschwüre, aber bald **Abkehr Diederichs von Agnes**, da er nicht mit seinen Gefühlen für sie zurechtkommt
- kurz nach Abschluss des Studiums: **Göppel fordert** Diederich auf, seine **Tochter zu heiraten** → **Ablehnung** durch Diederich mit der Begründung, er könne nur eine Jungfrau als Gattin akzeptieren → zwar Trauer über zerstörtes Glück, aber **Freude über eigene Unerbittlichkeit**
- Diederich lässt sich einen **Kaiserbart** frisieren

Kapitel III

- **Rückkehr** Diederichs nach Netzig → von jetzt an **strenges Regiment** sowohl in der **Familie** (Mutter, Schwestern Magda und Emmi) als auch in der **väterlichen Fabrik**, die er nun leitet

- Antrittsbesuche bei einflussreichen Männern der Stadt: beim **alten Buck**, dessen **liberalen Aussagen** er trotz anderer Haltung nicht widerspricht, und beim Bürgermeister → Einigkeit mit dem anwesenden Juristen **Jadassohn**, dass **Liberalität** und **Sozialdemokratie Gefahren** darstellen
- **Wachtposten** vor Regierungsgebäude **schießt Arbeiter nieder** → **Konfrontation** zwischen Diederich/Jadassohn und dem liberalen Fabrikanten Lauer, der den Schuss kritisiert → Diederich **provoziert Lauer zu Majestätsbeleidung** und droht ihm mit Anzeige
- Diederichs **Fälschung eines kaiserlichen Telegramms**, in dem die Erschießung gelobt wird → Weitergabe an Zeitungsredakteur

Kapitel IV

- Jadassohn pocht auf **Anklage Lauers** → Gesellschaft wirft Diederich **Denunziantentum** vor
- zudem finanzielle Schwierigkeiten Diederichs wegen Kauf einer zu **teuren Maschine** → **Verheiratung Magdas** mit Prokurist Kienast, damit dieser die gelieferte Maschine zurücknimmt
- **Prozess gegen Lauer:** Selbstüberhöhung Diederichs zum **Wächter über Sitte und Ordnung** ↔ **Plädoyer** des Verteidigers **Wolfgang Buck** (Sohn des alten Buck) gegen Diederichs Hetze und Untertanengeist, ABER: Verurteilung Lauers zu sechs Monaten Haft
- Folgen des „Sieges" Diederichs: Wiederherstellung seiner Ehre, gestiegene gesellschaftliche **Anerkennung**, Wohlwollen des Regierungspräsidenten Wulckow und Aufnahme in Kriegerverein

Kapitel V

- **Flirt mit Guste Daimchen**, an der Diederich schon länger interessiert ist, die aber mit Wolfgang Buck verlobt ist → Diederich streut das **Gerücht**, die beiden könnten Halbgeschwister sein
- Diederichs **geheime Vereinbarung** mit dem sozialdemokratischen Vorarbeiter **Napoleon Fischer**, sich gegenseitig zu helfen → beide werden in Stadtverordnetenversammlung gewählt
- Diederichs anbiedernde Annäherung an den **adligen Wulckow** → Absprachen mit diesem gegen Buck bzw. Klüsing (Besitzer der Papierfabrik Gausenfeld) sowie für die Errichtung eines **Kaiser-Wilhelm-Denkmals** (anstelle eines Säuglingsheims) → später erzwingt Wulckow von Diederich den Verkauf eines Teils von dessen Grundbesitz zu einem Spottpreis
- Wolfgang Buck verlässt Netzig → **Hochzeit** von Diederich und der reichen Guste Daimchen
- Verleihung eines **Ordens für besondere Kaisertreue** an Diederich

Kapitel VI

- **Hochzeitsreise** nach Zürich, die Diederich aber kurzerhand umplant, weil sich der Kaiser in Italien aufhält → **Diederich folgt ihm jubelnd durch Rom** und lässt sich als Verhinderer eines vermeintlichen Attentats feiern
- Heimkehr wegen Reichstagsneuwahl: Diederich stellt kaisertreuen Kandidaten für **Wahl zum Netziger Reichstagsabgeordneten** auf, ABER: **Sieg für Sozialdemokraten Napoleon Fischer**
- Diederich wird durch eine Intrige und unlautere Aktiengeschäfte zum **Großaktionär** und **Direktor** der **Konkurrenzfabrik Gausenfeld** → steigende **Bewunderung für Diederich**, während der alte Buck an Ansehen verliert (trotz Sieg im Verleumdungsprozess gegen eine Zeitung)
- Geburt dreier Kinder durch Guste, aber regelmäßige Besuche Diederichs bei Prostituierter
- Festrede Diederichs bei **Enthüllung des Kaiserdenkmals**, für das er lange gekämpft hat und für das er den Wilhelms-Orden erhält → **Wolkenbruch** lässt Zeremonie aber ins Wasser fallen
- **Tod des alten Buck** nach einem letzten Blick auf Diederich (Ausruf einer Schwiegertochter: „Er hat den Teufel gesehen!")

Auf einen Blick

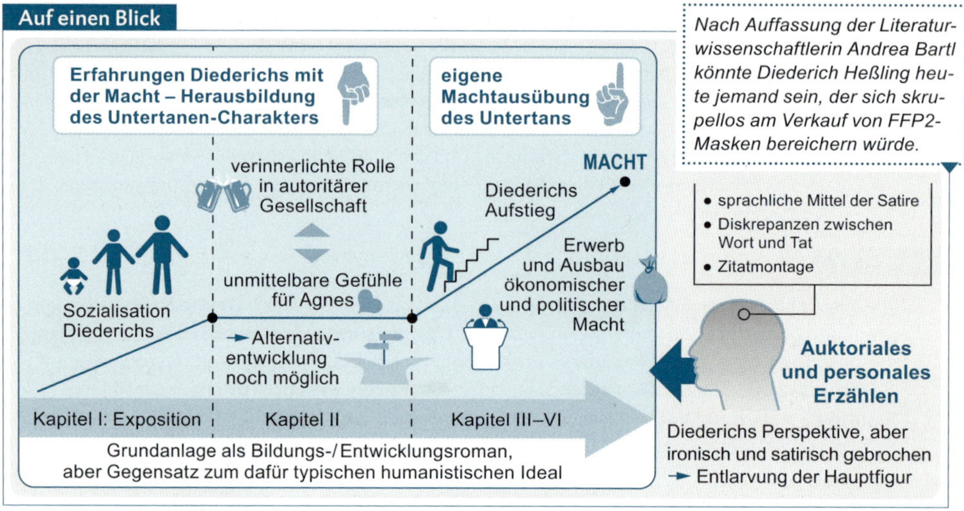

Aufbau und Struktur

Roman zeigt, wie Diederich sich innerhalb der wilhelminischen Gesellschaft **entwickelt** und wie er gesellschaftlich **aufsteigt** – Doppelrolle als **Untertan** und **Herrscher**

- **Kapitel I** als Romanexposition:
  - prägende **Sozialisationsinstanzen**: Familie, Schule, Studentenverbindung und Militär
  - **Schlüsselrolle** im Roman: Beziehung Diederichs zu Vater und Mutter → Vorprägung von Diederichs späteren Verhaltensweisen gegenüber Autoritäten und Schwächeren (insb. Frauen)
- **Kapitel II: Aufzeigen eines alternativen Weges** für Diederich → **unmittelbar-spontane Gefühle** (= Liebe zu Agnes), über die aber die bereits verinnerlichte **Rolle** innerhalb der autoritären Gesellschaft (= Verhalten in Studentenverbindung) die Oberhand gewinnt

→ Kapitel I und II: **Herausbildung des Untertanencharakters** durch die **Erfahrung von Macht**

- **Kapitel III bis VI:** fortschreitender **Aufstieg** des Protagonisten – Machterwerb und Machtausbau im ökonomischen und politischen Feld → eigener **Machtgebrauch** des Untertans

Erzählerische Gestaltung

- Zeitgestaltung:
  - **lineares Erzählen** → chronologisches Begleiten von Diederichs **Entwicklung**
  - Romanbeginn: eher **zeitraffendes Erzählen** → Konzentration auf **Entstehung des autoritären Charakters** auf der Basis individueller und gesellschaftlicher Voraussetzungen
  - weiterer Romanverlauf: häufige **Annäherung von Erzählzeit und erzählter Zeit** → Abschnitte mit szenischer und **beinah filmischer Darstellung**
- Kapitel I (teilweise auch Kapitel II): **auktoriales Erzählen** aus kritischer Distanz, um Entwicklung des Untertanencharakters in verschiedenen Sozialisationsphasen zu zeigen → Präsenz des Erzählers insbesondere in Kommentaren und zusammenfassenden Erläuterungen
- Kapitel II bis VI: starke Tendenz zu **personalem Erzählen** (u. a. erlebte Rede, innerer Monolog), aber auch neutral erzählte Passagen (szenische Gestaltung, Dialoge in direkter Rede)

→ Blick auf die Welt aus Diederichs individueller Perspektive, ABER: **Brechung** durch Komik, Ironie und Satire = **Verbindung von auktorialem und personalem Erzählen**, durch die Diederichs Perspektive **kritisch entlarvt** wird

- offenbar **Nähe des Erzählers zur Person des Autors** im Hinblick auf Denkweise

Sprache und Stil

- **Montagetechnik:** Diederichs protzig-substanzlose Reden enthalten Bruchstücke **echter Kaiserreden**
  - **auffällige Parallelen** in Intention, Wirkung, argumentativem Aufbau, Wortwahl, Gestik und Mimik
  - Übertragung von Kaiserreden auf eher **belanglose Situationen** → **Trivialisierung** der Inhalte der Reden und **Lächerlichmachen** des kaiserlichen Auftretens

  → doppelte **satirische Entlarvung des Kaisers und seines Untertans** durch Aufdecken ihrer hohlen Phrasen
- nationalistische und militärische Begriffe, rassistisch geprägte Bezeichnungen, abwertende Tiermetaphern → Vorausweisen der von Diederich benutzten Sprache auf **Sprache des Faschismus**
- sprachlich-motivische Merkmale einer **Satire:**
  - **sprechende Namen:** „Jadassohn" (Judas, Verrat), „Heßling" (hässlich, klein)
  - **stereotype Formulierungen** (Diederichs wiederholte Behauptung zu seinem Militärdienst, er wäre „am liebsten ganz dabei geblieben") und **Leitmotive** („die Macht, die über uns hingeht")
  - zunehmende **Angleichung Diederichs an Kaiser** Wilhelm II. → Diederich als entpersönlichtes **Rädchen im gesellschaftlichen Machtgetriebe**
  - **Verdecken von Eigeninteressen** durch ideologisch aufgeladene Begriffe und Hochwertwörter (z. B. „Moral"), mit denen edle Handlungsmotive vorgetäuscht werden
  - **Diskrepanz zwischen Wort und Tat** (z. B. Rühmen des Familienfriedens nach von Konflikten geprägtem Weihnachten)

  → Entlarvung der **Oberflächlichkeit** sowie der heuchlerisch-opportunistischen **Verlogenheit Diederichs**
- **Erzählerbericht: gehobener Stil** (hypotaktischer Satzbau, differenzierende Attribute, z. T. anspruchsvolle Wortwahl etc.)
- **viele Dialoge: eher einfacher Stil** (parataktischer Satzbau, Umgangssprache) und Kennzeichen authentischer Redewiedergabe (Redeabbrüche, Interjektionen, Elisionen)

Gattungs- und Epochenzugehörigkeit

- **Bildungs- und Entwicklungsroman** als Vorbild für die Handlungsstruktur, ABER: im **Gegensatz zu humanistischem Ideal** der Klassik keine schrittweise Ausbildung einer individuellen, autonomen Persönlichkeit, sondern **Erzeugung eines angepassten Untertans** → Offenlegen von Bedingungen, die die **Entwicklung von Individualität unmöglich** machen
- Anknüpfen an den **realistischen Roman** des 19. Jahrhunderts (z. B.: Einbettung der Figuren in ein bestimmtes Milieu), ABER: keine wirklichkeitsgetreue Abbildung, sondern **satirische Überzeichnung der Wirklichkeit**, um Gesellschaft den Spiegel vorzuhalten → Roman jedoch keine Satire in Reinform, da einige Figuren (u. a. alter Buck, Agnes) nicht satirisch überzeichnet werden
- **aufklärerische Tradition** des 18. Jahrhunderts: Verwendung satirischer Erzählelemente, um **moralischer Aufgabe des Dichters** nachzukommen → Gegenüberstellung von mangelhafter Wirklichkeit und **Ideal** → **Erziehung** in Richtung einer freien und gerechten Gesellschaft

Auf einen Blick

Biografisch
- selbstkritische Sicht auf eigenes Leben
- Wiedergabe der kulturkritischen Ansichten Manns
- ambivalente Haltung zu Sozialdemokratie

Historisch-politisch
- Kritik an autoritärer wilhelminischer Gesellschaft
- alter Buck als Verkörperung demokratischer Ideale
- prophetischer Blick in die Zukunft: Erster Weltkrieg, Nationalsozialismus

Thomas Mann äußerte sich über den Roman seines Bruders nicht gerade anerkennend: „Platt geschrieben. Hat nichts mit dem Menschlichen und nichts mit Dichtung zu tun.“

Psychologisch

- Entindividualisierung
- eigene Schwäche → Verehrung von Autoritäten → Gehorsam → Gnadenlosigkeit gegenüber Schwächeren
- Darstellung eines autoritären Charakters
- Wert der Frau abhängig von ihrem Beitrag zur Machtentfaltung des Mannes

Philosophisch
- Gegenüberstellung der Prinzipien „Geist“ und „Tat“
- Ideal: Verbindung dieser Prinzipien (verkörpert durch alten Buck und Anlage des Romans)

keine Allgemeingültigkeit nur eines Deutungsansatzes, sondern immer Zusammenspiel mehrerer Lesarten

Biografische Lesart

- **Selbstkritik Manns:** Wolfgang Buck als **Dandy der Jahrhundertwende**, der zwar mehr erkennt als andere und Politik als Theater entlarvt, aber auch selbst korrumpierbar ist
- **Plädoyer im Lauer-Prozess** (laut Mann Mittelpunkt des Romans): Wolfgang Buck als Sprachrohr für Heinrich Manns **kulturkritische Ansichten** und für seine **Kritik am Wilhelminismus**
- **Napoleon Fischer** als Veranschaulichung von Manns **ambivalenter Einstellung zur Sozialdemokratie:** Anerkennung der **Errungenschaften** für die Arbeiterschicht ↔ Kritik an **Korrumpierbarkeit** durch ökonomische und politische Macht

Psychologische Lesart

- Roman als **sozialpsychologische Analyse:** detaillierte satirische Studie über Entstehung und Ausprägung eines **autoritären Charakters** → **Psychogramm** des Wilhelminismus
- Diederichs Sozialisation als Prozess der **Entindividualisierung:** keine Entfaltung persönlicher Autonomie, sondern fortschreitende (Selbst-)Beschränkung auf Rolle des Untertans
- Diederich als **idealer Untertan** des Obrigkeitsstaats: eigene **Schwäche** → **Verehrung des Starken** und Wunsch nach **Aufgehen in größerem Machtgefüge** → **Gehorsam** gegenüber Obrigkeit, **Gnadenlosigkeit** im Umgang mit Untergebenen (Motto: „Treten und getreten werden“)
- **ambivalente Beziehung** des Untertans **zur Macht:** einerseits Furcht, andererseits Wunsch nach Unterordnung und dadurch Teilhabe an der Macht → **Autoritätsfixierung**
  - **opportunistische Anpassung** an politische Ansichten des jeweiligen Gegenübers (z. B. an Meinung des alten Buck oder des Bürgermeisters)
  - **Nachahmung des Verhaltens** der ihm übergeordneten Autoritäten **gegenüber eigenen Untergebenen**, z. B. Antrittsrede Diederichs in der Fabrik seines Vaters

- **autoritärer Charakter** als ein mögliches Resultat des **Ödipus-Komplexes** nach Freud:
  - Liebe zur Mutter als Tabu
  - Umwandlung des damit verbundenen Hasses gegen den Vater in Liebe, da Aggression gegenüber Stärkeren nicht ausgelebt werden kann → **Gehorsam** gegenüber Autoritäten, **Unterdrückung von Schwächeren** → Befriedigung sowohl **masochistischer** als auch **sadistischer Triebe** in autoritärer Gesellschaft
- Beziehung des Untertans zu den **Frauen:**
  - **Agnes:** teilweise echte Gefühle → alternative Entwicklung Diederichs wäre möglich gewesen, ABER: Verdrängung des eigenen Schwächegefühls durch Herabsetzung von Agnes, da er seine „weiche" Seite in ihr erkennt und sie als Gefährdung des eigenen Aufstiegs wahrnimmt
  - **Guste und Prostituierte Käthchen:** im Kontrast zu Agnes burschikoses und selbstbewusstes Auftreten → Möglichkeit für Diederich, ihnen eine Art von Respekt entgegenzubringen → Entscheidung für Guste nur aufgrund ihres Reichtums

  → zentraler Wert der **(Ehe-)Frau** liegt für Diederich in ihrem Beitrag zu seinem **ökonomischen und gesellschaftlichen Aufstieg**

Historisch-politische Lesart

- satirischer **Rundumschlag gegen das Deutsche Kaiserreich** unter Wilhelm II.
- **Themen:** Nationalismus und Militarismus, Scheinheiligkeit und Geldgier, moralisch verkommene Gesellschaft
- **Abgesang** auf eine untergehende Epoche, zugleich **prophetischer Blick** in die Zukunft: Gewitter am Ende als Untergangsmetapher = **Erster Weltkrieg**; Diederichs Charakter = fanatische Anhänger Hitlers im **Nationalsozialismus**
- Schilderung der **Mentalität und Machtverhältnisse** des wilhelminischen Deutschlands: Entlarvung der **wilhelminischen Gesellschaft als autoritär**
- zentrale Bedeutung der beiden **Gerichtsverhandlungen** im Roman: Demaskierung der **Rechtsprechung** im Wilhelminismus als **Werkzeug machtpolitischen Handelns**
- **Darstellung sämtlicher Schichten** der wilhelminischen Gesellschaft → allgemeine **Gesellschaftskritik**, da nahezu alle von Geldgier und Scheinheiligkeit geprägt sind
- einzige **positive Gegenfigur: der alte Buck**, der unbeirrt an **demokratisch-humanistischen Idealen** der 1848er-Revolution festhält, aber am Ende stirbt = Untergang seiner Werte im Kaiserreich
- Politik als gesellschaftliches Feld des **Kampfes** anstatt des verständigungsorientierten Austausches – Offenlegung unlauterer machtstrategischer Machenschaften

Philosophische Lesart

- Verbindung der **Prinzipien „Geist" und „Tat"** als Manns geschichtsphilosophisches **Ideal**
- Verkörperung des **„Geistes"** durch **Wolfgang Buck:** intellektueller Mensch mit Fähigkeit zum **skeptisch-analytischen Denken**, der aber auch eine Rolle im „Theater der Macht" spielt
- Verkörperung der **„Tat"** durch **Diederich: geistloser Typus** des machtversessenen Menschen
- Verbindung von „Geist" und „Tat" in der Figur des **alten Buck** → Skizzierung eines **utopischen Gegenbildes** zur wilhelminischen Wirklichkeit, das Hoffnung auf eine bessere Zukunft machen könnte
- Roman selbst als **Verknüpfung von Ästhetizismus** („Geist") **und politisch engagierter Literatur** („Tat")

Auf einen Blick

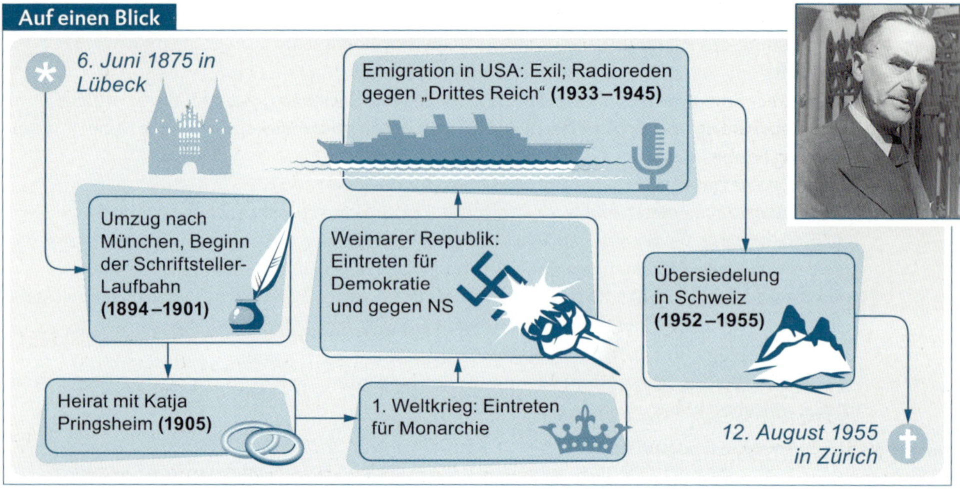

Kindheit und Jugend (1875–1894)

- Geburt am 6. Juni 1875 in der Freien Hansestadt **Lübeck**
- **Vater** Thomas Johann Heinrich Mann, wohlhabender Getreidegroßhändler und angesehener Senator → legt Wert auf **bürgerliche Tugenden** (Korrektheit, Ordnungswillen, Leistungsethos)
- **Mutter** Julia da Silva-Bruhns (Tochter eines deutschen Plantagenbesitzers in Brasilien und einer Brasilianerin) → **temperamentvoller**, unbürgerlicher, **künstlerischer** Charakter
- vier **Geschwister:** älterer Bruder **Heinrich**, der auch Schriftsteller wird
- Privatunterricht, dann bis 1894 Besuch des Katharineums (Gymnasium); mäßige Leistungen
- 1891: Tod des Vaters → im Testament verfügte **Auflösung der Firma**, Zinsen für Frau und Kinder (Söhne nicht an Nachfolge in Firmenleitung interessiert)

Berufliche und private Orientierung (1894–1913)

- 1894: Thomas folgt Mutter nach **München**
- Volontär bei Versicherungsgesellschaft = kurzzeitiger Versuch, bürgerliche Existenz aufzubauen
- Gasthörer an Technischer Hochschule, dann aber Hinwendung zu Kunst und Literatur; **schriftstellerische Versuche** (literarische Texte sowie journalistische Beiträge in Zeitschriften)
- 1895–1898: mehrere **Reisen** von Thomas und seinem Bruder Heinrich nach Italien; Beginn der Arbeit am Roman *Die Buddenbrooks*
- 1898/99: Lektor für die Satire-Zeitschrift *Simplicissimus*
- 1901: Erscheinen der *Buddenbrooks* → **Durchbruch als Schriftsteller**
- 1905: trotz homoerotischer Neigungen Heirat mit **Katja Pringsheim** (Tochter eines Münchner Professors, aus Gelehrten- und Bankiersfamilie) → sechs Kinder; Katja organisiert Familienleben
- Veröffentlichung mehrerer Novellen (u. a. *Gladius Dei*, *Tonio Kröger*, *Der Tod in Venedig*)

Krieg und Republik: Politische Orientierung (1914–1930)

- **Erster Weltkrieg:** Kriegsbegeisterung; konservative, **monarchische Position** → **Zerwürfnis mit Heinrich**, der sozialdemokratischen und liberalen Ideen nahesteht

- 1918: Streitschrift *Betrachtungen eines Unpolitischen* → Angriff auf Heinrich (Versöhnung 1922)
- Distanzierung von früherer demokratiefeindlicher Position und **Bekenntnis zur Weimarer Republik**
- Veröffentlichung zentraler Werke: *Der Zauberberg* (1924); *Unordnung und frühes Leid* (1926)
- 1926: Urlaubsreise ins faschistische Italien (Forte dei Marmi bei Viareggio) → Stoff und Anregung für *Mario und der Zauberer*
- 1929: Auszeichnung mit **Literaturnobelpreis** (für *Buddenbrooks*)
- kritische Einstellung gegen Nationalsozialismus → Anfeindung wegen „Landesverrat"
- 1930: **Veröffentlichung von *Mario und der Zauberer***

NS-Zeit und Exil (1930–1945)

- 1933: kehrt auf Drängen seiner Kinder Erika und Klaus von europäischer Vortragsreise nicht nach München zurück → **Emigration und Exil** (unterschiedliche Stationen: Südfrankreich, Schweiz, USA; Erhalt der tschechoslowakischen Staatsbürgerschaft) → Aberkennung der deutschen Staatsbürgerschaft, Beschlagnahmung seines Besitzes
- 1938: „Anschluss" Österreichs → Entschluss zur **Auswanderung in die USA**
- bis 1952 in Amerika (1944 US-Staatsbürgerschaft): Gastprofessur in Princeton, dann Pacific Palisades, Kalifornien → **geistiges Zentrum der emigrierten deutschen Intellektuellen**
- 1942/45: **BBC-Radioreden** *Deutsche Hörer!* → Aufruf zum Widerstand gegen Hitlerdiktatur

Nachkriegszeit und Tod (1947–1955)

- 1947: Roman *Doktor Faustus*
- nach dem Krieg Reisen nach Europa: nimmt 1949 sowohl in Frankfurt **westdeutschen** als auch in Weimar den **ostdeutschen Goethe-Preis** entgegen → Bekenntnis zu Deutschland als Ganzem; Einsatz für Überwindung der politischen Spaltung
- **Anfeindungen** in Bundesrepublik, da er Deutschland durch Emigration im Stich gelassen habe
- in USA Verdächtigungen, Mann würde Kommunisten nahestehen → Entschluss, nach Europa **umzusiedeln:** ab 1952 in Kilchberg bei **Zürich**
- 1954: Veröffentlichung des Romanfragments *Bekenntnisse des Hochstaplers Felix Krull*
- **Tod** am 12. August 1955 in Kantonhospital in Zürich infolge einer Thrombose

Werkauswahl

- Roman ***Buddenbrooks*** (1901): Autobiografisch geprägte Geschichte vom Aufstieg und Niedergang einer Lübecker Kaufmannsfamilie innerhalb von vier Generationen
- Novelle ***Tonio Kröger*** (1903): Der junge Protagonist ist zerrissen zwischen bürgerlichem Leben und Künstlertum, reift zu Dichter heran und muss hinnehmen, dass er Außenseiter ist
- Novelle ***Der Tod in Venedig*** (1911): Der alternde Schriftsteller Aschenbach verfällt bei einer Reise in die morbide Lagunenstadt der Schönheit eines Knaben, gibt sein Leistungsdenken und seine Würde auf und verzichtet darauf, sich vor der Choleraepidemie in Sicherheit zu bringen
- Roman ***Der Zauberberg*** (1924): Der Krankenbesuch des jungen Ingenieurs Hans Castorp bei einem Verwandten in einem Schweizer Sanatorium wächst sich zu einem siebenjährigen Aufenthalt aus. Währenddessen kommt er mit der Liebe, dem Tod und unterschiedlichen Weltanschauungen in Berührung. Erst der Kriegsausbruch 1914 holt ihn zurück ins Flachland.
- Roman ***Doktor Faustus*** (1947) über den Pakt des Komponisten Adrian Leverkühn mit dem Teufel bzw. Deutschlands mit dem Nationalsozialismus (Variation des Faust-Stoffs)

Auf einen Blick

Auch Thomas Mann wurde als „Zauberer“ bezeichnet. Aufgrund einer Faschingsverkleidung nannte ihn die Familie so und auch er selbst nutzte im Privaten den Spitznamen, wenn er etwa Briefe mit „Z.“ unterschrieb.

1. Sinnabschnitt: Ankunft der Erzählerfamilie und die Ereignisse am Strand

- Erzählung im **Rückblick: Urlaubserlebnis** des namenlos bleibenden Ich-Erzählers und seiner Familie im **italienischen Badeort** Torre di Venere in den **1920er-Jahren**

Angespannte Urlaubsstimmung

- Sommermonate: Dominanz italienischer Urlauber → Benachteiligung ausländischer Gäste
- im **Hotel:**
  - dem Erzähler wird gewünschtes Zimmer vorenthalten
  - Beschwerde einer römischen Fürstin über hustenden Sohn des Erzählers → freiwilliger **Umzug** der Familie in Pension zu Signora Angiolieri
- Gereiztheit am **Strand:**
  - im Verhalten der spielenden italienischen Kinder spiegelt sich **nationalistische Einstellung** der Eltern
  - Empörung des Erzählers über streitsüchtigen und wehleidigen Knaben **Fuggièro**
- **8-jährige Tochter** des Erzählers läuft **nackt** zu Strand → **Skandal** und Aufruhr: Italiener werfen Familie Verletzung der italienischen Ehre vor, Geldstrafe

Reaktion der Familie

- **Überlegungen abzureisen**, aber Familie entscheidet sich zu bleiben, auch um Stimmung weiter beobachten zu können
- Nachsaison: Hitze lässt nach, Publikum wird internationaler

2. Sinnabschnitt: Die Veranstaltung, das Geschehen vor der Pause

- **Plakat** für Veranstaltung des Zauberers Cipolla weckt Neugier der Kinder → Familie besucht Auftritt (im Publikum auch der beliebte Kellner Mario)

Der Zauberkünstler

- genaue Beschreibung der **verwachsenen Gestalt** und der altmodischen Kleidung des Cavaliere Cipolla → Abneigung des Erzählers
- latent **aggressive Stimmung** zwischen Künstler und Publikum
- Zauberer stellt sich selbst vor: rühmt seine **patriotische Einstellung** und Leistungen, Nähe zum faschistischen Diktator Mussolini
- große **Eloquenz** Cipollas, aber Sticheln gegen attraktive junge Männer im Publikum

Cipollas Vorführung

- **Störungen** aus dem Publikum → **Cipolla demütigt Zwischenrufer**, indem er sie gegen ihren Willen handeln lässt: hypnotisiert jungen Mann (Giovanotto), sodass er sich vor Schmerzen krümmt
- mathematische Versuche, Kartentricks, Kunststücke (Cipolla findet versteckte Gegenstände)
- **Bewunderung**, aber auch **Angst** des Publikums
- Erzähler sucht nach rationaler Erklärung
- Cipollas Erläuterungen: betont seine **Anstrengung**, selbst zum Werkzeug zu werden und geheime Anweisungen des Publikums auszuführen → ständige **Stärkung mit Zigaretten und Alkohol**

3. Sinnabschnitt: Die Veranstaltung, Überlegungen in der Pause

- **Erzähler will Veranstaltung verlassen** → Widerstand der Kinder
- **Bleiben** aufgrund von Neugier auf weiteres Programm und Faszination des Zauberers

4. Sinnabschnitt: Die Veranstaltung, das Geschehen nach der Pause

Cipollas Hypnose-Vorführung

- „Willensentziehung und -aufnötigung“
- Cipollas **Peitsche** als Symbol seiner Herrschaft
- Mitleid des Publikums mit hypnotisiertem Mann, der auf zwei Stuhllehnen liegt und auf den sich Cipolla setzt → **Cipollas Forderung, ihm Mitleid zu erweisen**
- Zauberer suggeriert Wirtin Angiolieri, er würde sie verführen → Machtlosigkeit ihres Mannes
- Cipolla lässt Zuschauer auf der Bühne gegen ihren Willen tanzen → zunehmende Enthemmung: **Tanzorgie** → Begeisterung der Kinder
- Missfallen des Erzählers

Mario als Demonstrationsobjekt

- Cipolla holt **Kellner Mario** auf die Bühne, den er wegen seines Erfolgs bei Frauen verhöhnt und ihm so das **Eingeständnis seines Liebeskummers** entlockt
- **Zauberer** beschwört Vorzüge Silvestras (Marios Geliebte), übernimmt selbst ihre Rolle, **bringt Mario dazu, ihn zu küssen**
- Cipolla holt Mario aus hypnotisiertem Zustand → Ekel Marios, **erschießt den Zauberer** → allgemeiner **Aufruhr**, Entwaffnung Marios
- **Erzähler verlässt mit Familie fluchtartig den Saal**; Kinder verstehen Tragweite des Geschehens nicht → heimliche Erleichterung des Erzählers über „Ende mit Schrecken“

Auf einen Blick

Thomas Mann war kein begeisterter Sportler. Auch den Strandurlaub in Italien verbrachte er beobachtend, schreibend und lesend am, aber nicht schwimmend im Meer.

Exposition

- Spannungen am Strand, im Hotel: italienischer Nationalstolz
- „Ortsdämon“: ideologisch aufgeladene Atmosphäre
- „Skandal“: Nacktheit der kleinen Tochter des Erzählers erbost Italiener

Familie des Erzählers reist nicht ab: Neugier, Faszination

Ähnlichkeiten der Phänomene

Verhalten des Erzählers

Vorstellung

- nationalistische Aussagen Cipollas: betont Nähe zum Faschismus
- menschenverachtende, demütigende Behandlung der Versuchspersonen
- Hypnose: Willensentzug, Fremdbestimmung
- kaum Widerstand bis zu Marios Mord

Familie des Erzählers verlässt Saal nicht: Neugier, im Bann Cipollas

Aufbau und Struktur

- Erzählung ohne Kapiteleinteilung, aber **zwei deutliche Blöcke:**
  - **Exposition** und
  - **Abendveranstaltung**, die sich untergliedern lässt in: erster Teil – Pause – zweiter Teil
- **Strukturierung** durch:
  - **Erzählerreflexionen:** Zäsuren in der Handlung (nach Skandal am Strand und in Pause von Cipollas Vorführung wird die Frage gestellt, warum Familie den Urlaub bzw. Besuch der Veranstaltung nicht vorzeitig beendet)
  - **Rahmung:** im ersten Abschnitt Vorausdeutung auf schlimmes Ende → Spannung
  - innere **Verwandtschaft der Episoden:** Zuspitzung auf zentrales Ereignis hin bei Exposition (Skandal am Strand) und bei Abendvorstellung (Tötung Cipollas)
- **Zuspitzung von Exposition zu Hauptteil:** am Strand Fremdenfeindlichkeit → bei Cipolla Erniedrigung der Zuschauer (v.a. Marios) = moralischer Tiefpunkt
- ungewöhnlich: beide Titelfiguren spielen in Exposition noch keine Rolle → stattdessen Hinführung in Stimmung, Örtlichkeit, Zeitgeist; Einführung der Erzählerfamilie

Erzählerische Gestaltung

- **rückblickende Erzählung eines Ich-Erzählers**, aber oft auch in **Wir-Form**, d.h. aus Familienperspektive, erzählt
  - **Abgrenzung** des Wir gegenüber feindlicher Umgebung
  - **Verallgemeinerbarkeit** der Wertungen des Erzählers
- aufgrund der Perspektive: **selektive Wahrnehmung** und Darstellung
- **Erzählung aus zeitlichem Abstand und mit veränderter Einstellung** des Erzählers zu vergangenem Erlebnis: Selbstkritik und Bewertung seines damaligen Verhaltens
- direkte **Anreden des Lesers**, Schilderung der Örtlichkeiten, Tipps für Reisen
  → Eindruck eines Reiseberichts (vgl. Untertitel „Ein tragisches Reiseerlebnis“)
  → Einbeziehen des Lesers ins Geschehen, **Identifikation mit Ich-Erzähler**

- **kaum Informationen über Erzähler** und seine Familie (keine Namen, biografischen Details)
- **Doppelrolle** des Erzählers: **Subjekt und Objekt** des Erzählens, erzählt über eigene Erlebnisse, aber kaum Unterschied erzählendes – erlebendes Ich (Reflexionen, Kommentare durchsetzen Handlung)
- zahlreiche **Erzählerkommentare: Vorausdeutungen** → Andeutung von Gefahr
- zwei **Erzählerreflexionen:** nach Exposition und in Pause von Cipollas Vorstellung → Suche nach Gründen, warum Familie nicht abgereist ist → Anspielungen auf Schlusskatastrophe
- **Zeitgestaltung:**
  - Exposition: v.a. raffender Erzählerbericht
  - Cipollas Vorstellung: szenische Darstellung (durch Dialoge zeitdeckende Erzählweise)
  - Beschreibung des Kusses von Cipolla: Zeitdehnung

Sprache und Stil

- **gehobene Sprache:** hypotaktische Sätze, Fremdwörter, ironische Bewertungen → erlaubt Rückschlüsse auf **Charakter des Erzählers: Intellektueller**, konfliktscheuer Beobachter, der sich in seinen Urteilen über andere erhebt
- Wiedergabe **italienischer Redewendungen** → Lokalkolorit, Authentizität
- **Motive und Symbole:**
  - **Einfluss des Wetters** auf Menschen; Spiegelung des gesellschaftlich-politischen Zustands (z.B. „Schreckensherrschaft der Sonne")
  - **Doppeldeutigkeit von Atmosphäre:** Wetter / Stimmung
  - **Tanzen:** Auflösung der Ordnung, Moment der Willenlosigkeit, Ekstase
  - **Hässlichkeit und Krankheit** Cipollas als Spiegelung des politischen Zustands des faschistischen Italiens
- **Leitwörter** „national", „patriotisch", „Würde": nationalistische Aufheizung des gesellschaftlichen Klimas
- **groteske Wirkungen:** verkrüppelte Erscheinung Cipollas; Gegensatz zwischen seinen ethischen Appellen und der Demütigung seiner Versuchsobjekte
- **Ironie** als typischer Kunstgriff bei Thomas Mann: **Relativieren aller Figuren** und ihrer Meinung → erlaubt es, sich über Gegensätze zu positionieren
  - Erzähler **distanziert sich** durch Ironie von Figuren und hinterfragt sie: römische Fürstin glaubt, dass Keuchhusten „akustisch ansteckend" ist; Fuggièros Heulen nach Biss durch einen Krebs als „antikisches Heldenjammergeschrei" verspottet
  - bei **Darstellung Cipollas** = Bemühen des Erzählers, kritische Distanz zu gewinnen, aber **Schwanken zwischen Faszination und Grauen**

Literarische Form: Novelle

- geradlinige Erzählung, auf **zentralen Konflikt** ausgerichtet, Fokus liegt auf Zaubervorstellung; keine Nebenhandlungen → **Geschlossenheit**
- **„unerhörte Begebenheit":** Zauberer „vergewaltigt" Mario emotional, indem er ihn zum Kuss verleitet (= Höhe- und Wendepunkt)
- **Realitätsnähe:** literarisch verarbeitetes biografisches Erlebnis Th. Manns
- **dramatische Gestaltung** mancher Passagen (Vorführung, v.a. Demütigung Marios)
- **Symbolcharakter** des Geschehens: deutbar als Gleichnis für massenpsychologische Beeinflussung und /oder faschistische Machtausübung

Auf einen Blick

Psychologisch
- Massenpsychologische Mechanismen: Einzelner genießt Aufgehen in Masse
- Cipolla beansprucht, Gemeinschaftswillen umzusetzen
- Lehre: Widerstand braucht positives Ziel

Politisch
- Novelle als Faschismusstudie
- Fremdenfeindlichkeit im faschistischen Italien
- Diktator Cipolla unterwirft sich Masse

Künstlerisch
- Cipolla als negative Künstlerfigur
- Geist (Cipolla) kämpft gegen Leben

Biografisch
- Verarbeitung einer Urlaubsanekdote
- Spiegelung von Manns homoerotischen Neigungen

In der Forschung existiert die These, dass Thomas Manns unausgelebte homoerotische Neigungen der eigentliche Motor für seine schriftstellerische Tätigkeit waren. Er sublimierte sie quasi in Texte, in denen es oft unterschwellig um gleichgeschlechtliche Anziehung geht.

keine Allgemeingültigkeit nur eines Deutungsansatzes, sondern immer Zusammenspiel mehrerer Lesarten

Biografische Lesart

Urlaubsanekdote

- **Verarbeitung eines persönlichen Urlaubserlebnisses** der Manns vom Sommer 1926 in Forte dei Marmi (am Ligurischen Meer)
- **Schlusswendung** (Erschießung des Zauberers) als **Erfindung** von Thomas Mann ↔ in Realität reagierte Kellner verschämt auf Zurschaustellung → in Erzählung ist Widerstand möglich

Verarbeitung von Manns Homosexualität

- **Spiegelung von Manns eigenen homoerotischen Neigungen:** Kuss Cipollas lässt sich als **Zwangsouting Marios** deuten → Zauberer stellt homosexuelle Neigungen des Kellners bloß
- **Anspielung auf antiken Ganymed-Mythos:** Zeus verwandelt sich in Adler, um hübschen Knaben Ganymed zu rauben, der dann sein Mundschenk wird = in Antike **Urbild für Liebe eines reifen Mannes zu Knaben** → Cipolla nennt Mario „Schenk", nimmt wie Zeus eine andere Rolle an, um jungem Mann nahezukommen

Politische Lesart

Warnung vor Faschismus

- Entstehung der Novelle 1929 (drei Jahre nach Erlebnis) → Vermutung, dass zwischenzeitlich die faschistische Politik in Italien unter Mussolini und Erstarken des Nationalsozialismus in Deutschland den Blick Th. Manns geschärft hat
- Erzählung als **Faschismusstudie:** „Ortsdämon" als Umschreibung für unangenehme, gereizte, politisierte Atmosphäre
- **faschistische Doppelmoral:** Nacktheit als anrüchig empfunden ↔ Freude über sexuelle Anspielungen Cipollas
- **Hineinwirken der Ideologie in den Alltag** (Strand, Hotel): Behauptung der Ehre / Würde einer Nation → im Text sarkastische Darstellung der fremdenfeindlichen, nationalistischen Auswüchse = Angriff auf intolerante Ideologie
- **Cipollas** Betonung der Leistungen Italiens und seiner **Nähe zu Mussolini**

Tyrann und Tyrannenmord

- **Zauberer als Diktator im Kleinen:** rhetorisches Talent und Selbstinszenierung (Demagogie); **Machtmissbrauch**, aber auch Scheitern
- Zusammengehörigkeit von **Befehl und Gehorsam:** Unterwerfung des Volks (= Publikums) unter Führer (= Cipolla)
- **Irrationalität**, Verlust der individuellen Selbstbestimmung, **Faszination für zweifelhafte Führergestalt** = Analogie zum italienischen Faschismus
- Faschismus zielt auf **Entmündigung des Einzelnen**, um Macht zu steigern
- kaum Versuche, Widerstand zu leisten (Giovanotto, der Römer, Mario)
- Marios Tat als **Tyrannenmord**, Befreiung von Cipollas autoritärer Diktatur
- Text als **Warnung an deutsche Leserschaft**, sich nicht willenlos einer brutalen Demagogie zu ergeben (Italien als mahnendes Beispiel für Deutschland)

Psychologische Lesart

Verhalten der Figuren

- Reflexion des Erzählers: Widerstand gegen eine irrationale Macht ist zum Scheitern verurteilt, wenn **Willen** nicht **auf ein positives Ziel** gelenkt wird („eine Sache nicht tun wollen, das ist auf Dauer kein Lebensinhalt“) → **Ich-Erzähler** gerät trotz seiner kritischen Haltung immer mehr in **Cipollas Bann** und schafft es nicht, aus eigener Kraft zu gehen
- **Cipolla:**
  - **Sadismus:** Bloßstellen und Verhöhnen seiner Versuchspersonen = Kompensation für seine eigene Benachteiligung und sein missgestaltetes Äußeres?
  - **Sexualneid:** verwandelt eigene körperliche Benachteiligung in Triumpf, indem er Mario Kuss entlockt
  - bedient **Masochismus des Publikums**, das es genießt, sich gehen zu lassen
- **Marios Mord = Akt der Selbstbewahrung**

Massenpsychologische Zusammenhänge (nach Gustave le Bon)

- genussvolles **Aufgehen des Einzelnen in der Masse** = Machtgefühl, Freiheit von Verantwortung, Neigung, den eigenen Trieben nachzugehen → leichte **Beeinflussbarkeit der Masse:** das Kollektiv gerät in hypnotischen Zustand, in dem Verstand und Wille ausgeschaltet sind
- Cipolla bringt Zuschauer als Kollektiv unter seine Gewalt, unterbindet Widerstand Einzelner und **verschafft Publikum Genuss der Willensfreiheit** (Sich-gehen-Lassen in der Tanzszene)
- **Cipolla tritt als Führer auf**, der „Gemeinschaftswillen“ kanalisiert und leitet → stilisiert sich als Opfer, übt aber eigentlich Macht aus

Künstlerische Lesart

- in Texten von Th. Mann oft **Gegensatz von Künstlertum und Bürgertum/Leben**
- laut Friedrich Nietzsche müsse **Künstler außerhalb des Lebens** stehen → passt zu Cipollas körperlicher Benachteiligung und Außenseitertum
- **Cipolla als Künstler** („Zauberkünstler“, „Geschicklichkeitskünstler“): rhetorische, psychologische, hypnotische Fähigkeiten → bannt Publikum, geheime Bewunderung des Erzählers
- Cipolla als **Verkörperung der Macht des Geistes**, die das Schöne und Lebendige bekämpft → Auseinandersetzung zwischen Geist (= Cipolla) und Leben (jugendlicher Giovanotto) = Negativbild einer Kunst, die Geist verabsolutiert

Auf einen Blick

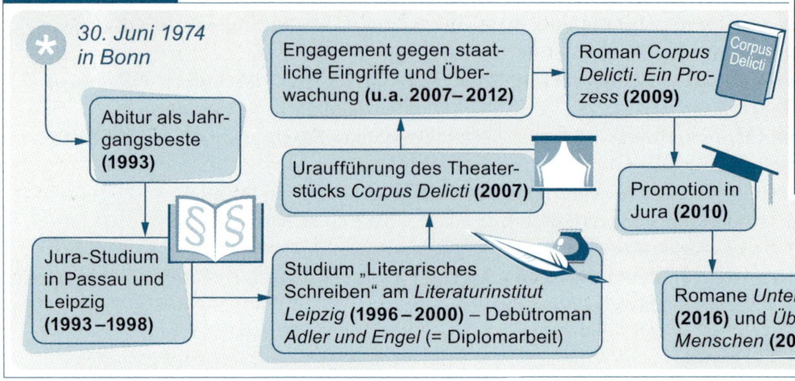

Kindheit und Jugend (1974–1993)

- geboren am 30. Juni 1974 in Bonn
- Vater: Verwaltungswissenschaftlicher (von 2002 bis 2006 Direktor beim Deutschen Bundestag), Mutter: Übersetzerin → **bildungsbürgerlicher Hintergrund**
- Geburt ihres Bruders → Entwicklung einer „ganz extreme[n] Verantwortungsbeziehung" (J. Zeh)
- ab 1984 Besuch der *Otto-Kühne-Schule*, einer Privatschule im Bonner Stadtbezirk Bad Godesberg
- schon als Kind literarische Schreibversuche
- als Jugendliche Sehnsucht, aus der als langweilig empfundenen Stadt Bonn herauszukommen
- **Abitur** im Jahr 1993 mit bestem Notendurchschnitt des Jahrgangs

Studienzeit (1993–2001)

- nach dem Abitur eigentlich Berufswunsch Journalismus, stattdessen aber Jura-Studium (mit Schwerpunkt Völkerrecht), das nach Juli Zeh bessere Aussichten auf eine sichere Existenz bot:
  - in Passau (1993–1995) → Studentenleben mit eher linksgerichteten Freunden und Abgrenzung von den statusorientierten Mitstudenten
  - in Leipzig (1995–1998): Wechsel des Studienorts erlebt sie als „Erweckung" – unter anderem wegen des „Zukunftsoptimismus" und der „Aufbruchsstimmung" dort

  → Bestehen des **Ersten juristischen Staatsexamens** (1998) mit Bestnote in Sachsen
- Parallel-Studium am renommierten ***Deutschen Literaturinstitut Leipzig*** (1996), das angehende **Schriftstellerinnen und Schriftsteller ausbildet** – kein Abbruch des Jura-Studiums (wegen Zweifel, ob eine Freiberuflichkeit als Schriftstellerin das Richtige für sie ist)
- Magister-Aufbaustudiengang „Recht der Europäischen Integration" (1999–2001)
- DAAD-Stipendien für ein dreimonatiges Praktikum bei den Vereinten Nationen in New York (1999) und für einen achtmonatigen Aufenthalt in Krakau für ein Osteuropastudium (2000)
- Erwerb des **Diploms** am *Deutschen Literaturinstitut Leipzig* (2000)

Zeit als Schriftstellerin (2001 – heute)

- Veröffentlichung des **Debütromans *Adler und Engel*** (2001), den sie als Diplomarbeit am Literaturinstitut verfasst hatte → Deutscher Bücherpreis in Kategorie „Erfolgreichstes Debüt" (2002)

- ab 2001 juristisches Referendariat → **Zweites juristischen Staatsexamen** (2003)
- verschiedene Reisen (insb. nach Osteuropa), die in ihre literarischen Werke Eingang finden
- Unterstützung der rot-grünen Koalition im Bundestagswahlkampf (2005)
- im Jahr 2007 Umzug nach Barnewitz (brandenburgisches Dorf, Havelland)
- **Uraufführung des Theaterstücks *Corpus Delicti*** bei der RuhrTriennale (2007)
- Einreichen einer Verfassungsbeschwerde beim Bundverfassungsgericht gegen den biometrischen Reisepass (2008) – die Beschwerde wurde aber nicht zur Entscheidung angenommen
- **Veröffentlichung des Romans *Corpus Delicti. Ein Prozess*** (2009), den Zeh auf der Grundlage des Theaterstücks von 2007 verfasst hat
- Mitglied der 13. Bundesversammlung für die SPD bei der Wahl des Bundespräsidenten (2009)
- zusammen mit Ilija Trojanow Veröffentlichung des Buches *Angriff auf die Freiheit* (2009), in dem der „**Sicherheitswahn**" und die zunehmende **Überwachung der Bürger kritisiert** werden
- **Promotion** an der *Universität des Saarlandes* in Saarbrücken (2010) mit ihrer Dissertation *Das Übergangsrecht*, in der sie sich mit den Übergangsverwaltungen im Kosovo und in Bosnien-Herzegowina nach den dortigen Kriegen in den 1990er-Jahren befasst
- Veröffentlichung des Romans *Nullzeit* (2012)
- Verfassen eines **offenen Briefs** an Bundeskanzlerin Angela Merkel, in dem Zeh eine „angemessene Reaktion" auf die **NSA-Affäre** (= Überwachung der Telekommunikation durch die USA und Großbritannien) und eine Offenlegung der **Spähangriffe** fordert
- Verleihung des Thomas-Mann-Preises an Juli Zeh (2013)
- Dozentin der *Frankfurter Poetik-Vorlesungen* (2013), bei denen sie auf humorvolle Weise **leugnet, als Schriftstellerin eine Poetik zu „besitzen"**, und auch die Frage nach der **Schreibintention für unsinnig** erklärt – Veröffentlichung der Vorträge unter dem Titel „Treideln"
- Veröffentlichung des Romans *Unterleuten* (2016)
- Verleihung des **Bundesverdienstkreuzes** an Zeh für ihr demokratisches Engagement (2018)
- Wahl Juli Zehs zur ehrenamtlichen Richterin am Brandenburger Verfassungsgericht (2018)
- Unterzeichnung des Aufrufs von Autorinnen und Autoren zur Beendigung der Grundrechtseingriffe während der Corona-Pandemie (2020)
- Veröffentlichung des **Buches *Fragen zu Corpus Delicti*** (2020)

Leben heute

- verheiratet mit David Finck (ebenfalls ehemaliger Student am *Deutschen Literaturinstitut Leipzig*, heute Autor und Fotograf), Mutter von zwei Kindern
- immer wieder **Beteiligung an politischen Debatten** (beispielsweise in Talkshows)

Werkauswahl

- *Adler und Engel* (2001): Verwicklung des Juristen Max in international angelegte Drogengeschäfte und in die Suche nach einem Passwort, das Informationen über diese Geschäfte schützt
- *Spieltrieb* (2004): Verführung des Sportlehrers Smutek durch die jugendliche Außenseiterin Ada, die unter dem Einfluss des älteren Mitschülers Alev steht, der Smutek daraufhin erpresst
- *Unterleuten* (2016): Entwicklung von Konflikten in einem brandenburgischen Dorf, als in der Nähe ein Windpark errichtet werden soll
- *Fragen zu Corpus Delicti* (2020): Auseinandersetzung mit dem eigenen Roman *Corpus Delicti* in einer Art fiktivem Selbst-Interview → Erläuterungen u. a. zu Entstehungsgeschichte, politischer Ebene, Gattungsfragen, Rezeption und Biografie

Auf einen Blick

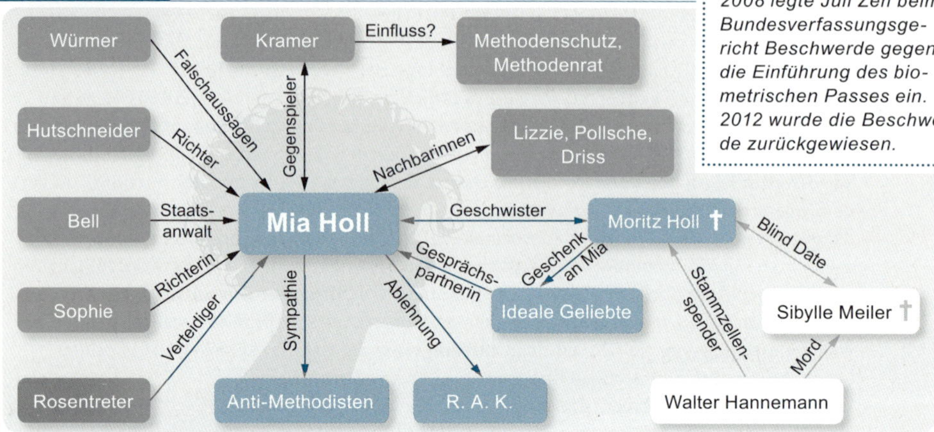

2008 legte Juli Zeh beim Bundesverfassungsgericht Beschwerde gegen die Einführung des biometrischen Passes ein. 2012 wurde die Beschwerde zurückgewiesen.

Kapitel 1 und 2: Zwei Schriftstücke

- ***Das Vorwort:*** aus Schrift von Heinrich Kramer → **Gesundheit** als höchstes Ziel des Menschen
- ***Das Urteil:* Biologin Mia Holl** zum Einfrieren auf unbestimmte Zeit verurteilt

Kapitel 3 bis 17: Erste Konflikte mit der METHODE

- *Mitten am Tag, in der Mitte des Jahrhunderts:* Verhandlung zwischen **Richterin Sophie**, Staatsanwalt Bell und Rechtsanwalt Rosentreter über Strafen für Gesundheitsverbrecher; Eintreten des Journalisten **Kramer**; Klärungsgespräch mit Mia Holl beschlossen
- *Pfeffer:* Kramer auf dem Weg zu Mia → Begegnung mit drei Nachbarinnen im Treppenhaus
- *Die ideale Geliebte:* Mia erinnert sich (mit der imaginären idealen Geliebten) an ihren Bruder Moritz
- *Eine hübsche Geste:* Vorwurf Mias an Kramer, er sei an **Moritz' Suizid** im Gefängnis schuld
- *Genetischer Fingerabdruck:* Bericht über Moritz (Vorwurf der Vergewaltigung und des Mordes)
- *Keine verstiegenen Ideologien:* Mia und Kramer über die Sinnhaftigkeit der **METHODE**
- *Durch Plexiglas:* Tausch zwischen Mia und Moritz: **ideale Geliebte** gegen Schnur (für Suizid)
- *Eine besondere Begabung zum Schmerz:* Mias misslungener Versuch, ihre Wohnung zu putzen
- *Bohnendose:* Mias erfolgreiche **Gesundheitsuntersuchung** beim Amtsarzt
- *Saftpresse:* Sophies Hilfsangebot (Betreuung, Kur) von Mia abgelehnt (ihr Schmerz sei privat)
- *Nicht dafür gemacht, verstanden zu werden:* Einblick in Mias **Trauer** und stumme **Qual**
- *Privatangelegenheit:* Zugeständnis von Sophie → **Ruhe** und Zeit für Mia
- *Fell und Hörner, erster Teil:* Moritz' und Mias Gespräch über **Moritz' Liebesleben**
- *Rauch:* Liebesfantasie der Nachbarin Driss über Mia; **Mia beim Rauchen** im Flur entdeckt
- *Keine Güteverhandlung:* Geldstrafe für Mia wegen Rauchens, **Rosentreter** als ihr neuer Anwalt

Kapitel 18 bis 35: Verteidigung und Aufdeckung des Justizskandals um Moritz

- *Ein netter Junge:* Rosentreters Beteuerung, sich für Mia einzusetzen; Anfechtung der Geldstrafe
- *Wächter:* Hilfsangebot der drei Nachbarinnen von Mia abgelehnt
- *In der Kommandozentrale:* Streitgespräch Mia – ideale Geliebte: Sport werde Mia nicht heilen

- *Recht auf Krankheit:* TV-Talk bei Würmer: Kramer über die Entstehung der METHODE als neue Gesellschaftsordnung und über den Irrweg der **Anti-Methodisten**
- *Das Ende vom Fisch:* Streit zwischen Mia und Moritz über **Anpassung** und **Rebellion**
- *Der Hammer:* Mias **Härtefallantrag** abgelehnt; Verurteilung zu zwei Jahren Haft auf Bewährung
- *Which side are you on:* Rosentreters Wille, vor höherer Instanz zu klagen, von Mia akzeptiert
- *Unzulässig:* Rosentreters verbotene Liebe zu einer Frau; Vorhaben: **Moritz' Unschuld** beweisen
- *Schnecken:* Mia spricht über Moritz' Liebe zur Natur und zu den Menschen und über die Heilung seiner Leukämie → Grund für Mias dankbare Anpassung an die METHODE
- *Ambivalenz:* Mias **Verhältnis zu Kramer** zwischen Bewunderung und Ablehnung
- *Ohne zu weinen:* Moritz' Erscheinen bei Mia und sein Bericht über das Auffinden der Leiche
- *Unser Haus:* Nachbarinnen → Zeitungsbericht über Mia beschmutze guten Ruf des Hauses
- *Bedrohung verlangt Wachsamkeit:* Kramers Zeitungsbericht → Moritz als Terrorist
- *Die Zaunreiterin:* Forderung der idealen Geliebten, Mia solle sich gegen Kramers Lügen wehren
- *Fell und Hörner, zweiter Teil:* Moritz' **Ablehnung jeder Ideologie** → Verhaftung am Fluss
- *Das Recht zu schweigen:* **Mia verhaftet** wegen Führen einer methodenfeindlichen Vereinigung
- *Der Härtefall:* Mias Gesinnungsprüfung → ihre Gedanken zum politischen System und zu Revolutionen; Rosentreters Vortrag über Leukämie: Beweis, dass Moritz' Stammzellenspender **Walter Hannemann der wahre Mörder** von Sibylle Meiler ist
- *Das ist die Mia:* Fernsehbericht über den **Justizskandal**: Infragestellen der METHODE durch Mia

Kapitel 36 bis 39: Offene Opposition gegen die METHODE

- *Der größtmögliche Triumph:* Mias Entschluss, sich zu **Methodenfeindlichkeit** zu bekennen
- *Die zweite Kategorie:* Streitgespräch zwischen Mia und Kramer über die Legitimation der METHODE; Mias Aufforderung an Kramer, ihr folgendes Statement schriftlich festzuhalten
- *Wie die Frage lautet:* Mias Absage an die aktuelle Gesellschaft, die auf **falschen Werten** beruht
- *Vertrauensfrage:* Kramers Dank für Mias brisantes Statement; Abschied der idealen Geliebten

Kapitel 40 bis 50: Sieg der METHODE

- *Sofakissen:* erneute Verhaftung Mias durch Methodenschützer
- *Freiheitsstatue:* **Solidarisierung** vieler Menschen mit inhaftierter Mia: Proteste, Medienrummel
- *Der gesunde Menschenverstand:* staatstragende TV-Rede Kramers → Mia als gefährlicher Virus
- *Geruchlos und klar:* Mias Vortrag über Moritz' geistiges Erbe von Kramer per Diktiergerät aufgezeichnet; ihre **Weigerung**, Geständnis zu unterzeichnen, wonach sie und ihr Bruder als Mitglieder der Widerstandszelle *Die Schnecken* Moritz' Tod zu politischen Zwecken inszeniert hätten
- *Würmer:* falsche Zeugenaussage Würmers, Kontakt zur Widerstandszelle gehabt zu haben
- *Keine Liebe der Welt:* neues **Netz aus falschen Beweisen** gegen Mia: sie hätte Vergiftung des Trinkwassers geplant; Aushändigen einer langen Nadel an sie durch Rosentreter
- *Mittelalter:* kein Geständnis von Mia; Tod durch Erfrieren und Folter durch Kramer angedroht
- *›Es‹ regnet:* Leiden Mias an Folgen einer **Elektroschock-Folter**
- *Dünne Luft:* Mia bohrt Nadel in ihren Arm und überreicht Kramer den hervorgeholten Chip
- ***Siehe oben:* Gerichtsverhandlung** unter lauten Protesten → Verurteilung Mias zum Einfrieren
- ***Zu Ende:*** Einfrieren Mias in letzter Sekunde gestoppt durch Präsidenten des Methodenrats → Unterbringung in **Resozialisierungsanstalt** mit **psychologischer Betreuung**

Auf einen Blick

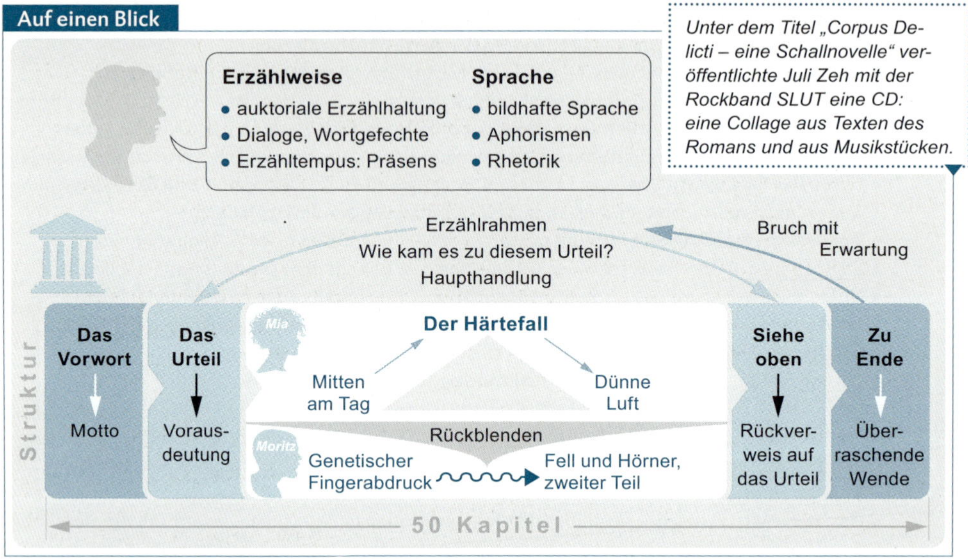

Aufbau und Struktur

- **50 Kapitel** von sehr unterschiedlicher Länge (ca. 2–16 Seiten)
- Kapitelbenennung: signifikante Wörter/Halbsätze aus dem Kapitel (oder gliedernd: z. B. *Zu Ende*)
- vorangestelltes ***Vorwort:*** Zitat aus Kramers ideologischer Schrift, außerhalb der erzählten Handlung angesiedelt, Funktion eines **Mottos:** Einstimmung auf Gedankenwelt der METHODE
- ***Das Urteil:*** scheinbare **Vorwegnahme des Romanendes** als offizielles Dokument, Spannung: Wie kam es zu diesem Urteil? → zusammen mit ***Siehe oben:*** Bildung des basalen Erzählrahmens
- von *Mitten am Tag, in der Mitte des Jahrhunderts* bis zu *Dünne Luft*: Geschichte darüber, wie es zu Mias Verurteilung kam → in der **Rückschau** und in **chronologischer Reihenfolge** erzählt
- **Höhepunkte** der Handlung: *Der Härtefall* (Niederlage für METHODE: Moritz' Unschuld) und *Wie die Frage lautet* (Mias Wandlung zur Systemgegnerin endgültig vollzogen)
- Erzählung über Mias Verurteilung immer wieder durch Rückblenden (Analepsen) unterbrochen: **Geschichte von Moritz** bzw. des Verhältnisses zwischen Mia und ihrem Bruder
- durch **Verschachtelung** der Erzähl- bzw. Handlungsebenen (Mias Geschichte – Moritz' Geschichte) bessere Beleuchtung der Entwicklung Mias: von der Konformistin zur Systemgegnerin
- Vergleich: Angelschnur bzw. Nadel ins Gefängnis → **Erwartung:** Begeht auch Mia Selbstmord?
- ***Zu Ende:*** Rückschau beendet, Fortsetzung der Handlung nach Urteilsverkündung: Erwartungen des Lesers nach *Das Urteil* unterlaufen → unerwartete **Schlusswendung**

Erzählweise

- Handlungsort und -zeit: in einer **Gesundheitsdiktatur** um das Jahr **2050**
- zeitliche Einordnung: Moritz seit ca. 4 Wochen tot, als Handlung um Mia einsetzt
- **auktoriales Erzählverhalten:** Erzähler nimmt Leser stark an die Hand (Herstellung von Gemeinschaft durch Wahl der Wir-Form) und macht seinen Wissensvorsprung deutlich

→ „Gehen wir der Einfachheit halber davon aus, dass sie [Mia] an Moritz denkt. Die Wahrscheinlichkeit, dass wir richtig liegen, ist sehr hoch." (S. 79)
- Erzähltempus: Präsens in der Mia-Handlung → **Unmittelbarkeit**, Gefühl des Lesers, die Ereignisse live mitzuerleben
- meist Präteritum als Erzähltempus in Moritz-Kapiteln („Wählen wir für ein paar Minuten die Vergangenheitsform", S. 60) → **Erinnerungscharakter** dieser Kapitel
- personales Erzählverhalten (in der Ich-Form) im Kapitel *Wie die Frage lautet* → Mias finales Bekenntnis zum Widerstand gegen die METHODE dadurch deutlich hervorgehoben
- Kramers Zeitungsartikel über Moritz *(Bedrohung verlangt Wachsamkeit)*: ohne erzählerischen Eingriff abgedruckt → Leser des Romans gleichgestellt mit Zeitungsleser in der erzählten Welt
- **Vielzahl von Dialogen** in direkter Rede: Auseinandersetzungen der Figuren um richtige Verhaltensweisen und um Sinnhaftigkeit der METHODE dialektisch (Rede und Gegenrede) entfaltet → Austauschen unterschiedlicher Argumente und Sichtweisen als **rhetorische Wortgefechte** direkt vor den Augen des Lesers

Sprache und Stil

- nüchtern-schmuckloser Sprachstil und parataktischer Satzbau in den Erzählpartien → einfacher Zugang, **didaktische Ausrichtung** des Romans
- **rhetorische Ausgestaltung** der Dialoge: Vortragscharakter vieler Äußerungen mit dem Ziel, den Gesprächspartner vom eigenen Standpunkt zu überzeugen (v. a. bei Mia, Moritz, Kramer)
- Kramers menschenverachtende und **demagogische Sprache** v. a. aus Bereichen „Hygiene, Krankheit" (z. B. abweichende Gedanken als „Virus") → Nähe zur Wortwahl der NS-Propaganda
- Einsatz von Fremdwörtern und Fachbegriffen aus den Bereichen **Justiz**, **Medizin** und **politischer Philosophie** → Ernsthaftigkeit des Diskurses
- staatliche Medien: TV-Show WAS ALLE DENKEN und Zeitung DER GESUNDE MENSCHENVERSTAND: Anspruch auf Allgemeingültigkeit und Verbindlichkeit sprachlich festgehalten
- „Santé" (frz., „Gesundheit") als Grußformel: Gesundheitswahn in Alltagssprache integriert
- Charakterisierung durch sprechende Namen: z. B. Kramer (Suche nach Geheimnissen), Würmer (Unterordnung, Gehorsam)
- **bildhafte Sprache:** Vielzahl von Vergleichen und Metaphern → lebendige Charakterisierung des Verhaltens und des Innenlebens der Figuren (z. B. Mia als „Zaunreiterin")
- **Aphorismen:** kurze Sätze, die losgelöst vom Kontext vermeintliche Lebensweisheit ausdrücken und im Text Meinung der Figuren darstellen (z. B.: „Um frei denken zu können, muss sich der Mensch vom Tod abwenden", S. 94) → fordern den Leser zur Auseinandersetzung auf
- Abstammung des Romans von einem Theaterstück sprachlich noch klar erkennbar: **Szenenhaftigkeit** vieler Kapitel v. a. durch lange Dialoge und schnelle Wechselreden

Gattungszugehörigkeit

- **dystopischer Science-Fiction-Roman:** düstere Zukunftsvision der Gesellschaft, in der die technisch-wissenschaftlichen Neuerungen zur Unterdrückung der Menschen eingesetzt werden
- **Kriminalgeschichte:** Verbrechen im Mittelpunkt der Handlung → Mord an Sibylle Meiler und Verstrickung von Moritz Holl eng verknüpft mit der Frage nach der Legitimation der METHODE
- **Gerichtsdrama:** Nähe des Textes zum Theater, Haupthandlung in Gerichtssälen angesiedelt
- **Entwicklungsroman:** Mias Weg von der systemkonformen Musterbürgerin zur rebellischen Widerständlerin als Akt der intellektuellen und emotionalen Reifung

Auf einen Blick

Juristisch
- Staat als Straftäter entlarvt
- Kritik an Überwachung und Folter

Soziologisch
- Konflikt zwischen Gemeinwohl und persönlicher Freiheit
- fehlende Sensibilität im Umgang mit Daten

Fitnessarmbänder und -apps messen die Bewegungen ihrer Benutzer, und viele Versicherungsunternehmen haben großes Interesse an diesen Daten. Werden Juli Zehs Befürchtungen bald wahr?

Psychologisch
- Mias Trauer und Schuldgefühle
- Mias Entwicklung zur Systemgegnerin

Politisch
- Unmenschlichkeit der Gesundheitsdiktatur
- Recht auf Widerstand bei Fehlern im System

keine Allgemeingültigkeit nur eines Deutungsansatzes, sondern immer Zusammenspiel mehrerer Lesarten

Juristische Lesart

- Corpus Delicti = in der Rechtssprache ein Gegenstand, mit dem eine Straftat begangen wurde → überragende **Bedeutung des Körpers** für die METHODE
- Richterin Sophie → Anhängerin der METHODE, akribisch, jedoch abgesetzt wegen Befangenheit
- Verteidiger Rosentreter → systemkritisch und liberal: **Gerichtsprozess als Theater** und Spiel
- Richter Hutschneider → von Mias Prozess überfordert, deswegen überaus gehorsam und streng
- Justiz in der Hand politischer Entscheidungsträger: Einfluss des Journalisten Kramer und des Methodenrats → **keine Unabhängigkeit der Justiz**, keine Gewaltenteilung
- falsche Beweise gegen Mia von staatlicher Seite aus, Mia zur Täterin gemacht: Würmer als falscher Zeuge, erfundene Terrororganisation *Schnecken* → **Staat als Straftäter**
- **Überwachung** durch Justiz und Bestrafung bei Fehlverhalten: Ganzkörperaufnahmen, sportliches Leistungsprofil, Schlaf- und Ernährungsbericht, Blut- und Urinproben, Chip im Körper
- DNA-Test in Moritz' Prozess trügerisch → keine Unfehlbarkeit naturwissenschaftlicher Methoden
- Autor des Buchs *Hexenhammer* von 1487 heißt Heinrich Kramer, Folterung der „Hexe" Mia: **Projektion mittelalterlicher (Rechts-)Verhältnisse** in eine fiktive Zukunft → Grausamkeit als epochenübergreifendes Merkmal der menschlichen Natur

Psychologische Lesart

- Mia früher: **rational**, von Beruf Biologin, ohne Interesse an Menschen oder an Liebe, **angepasst** aus Dankbarkeit für die Hilfe der METHODE bei Moritz' Heilung von Leukämie
- **Geschwisterbeziehung** Moritz – Mia: gegenläufige Ansichten → Moritz als romantischer Träumer, lustiger Rebell und Poet – Mia als spöttische und kalte Realistin
- **Trauer** um Moritz und **Schuldgefühle** nach dessen Suizid (Angelschnur!): Mias Leben aus den Fugen → Beginn der staatlichen Intervention, **Einmischung in Mias Privatleben**
- Mia von Moritz' Unschuld überzeugt → Verlangen nach **Gerechtigkeit**
- Mias Entwicklung während der Trauerarbeit: zunehmend kritischer und kämpferischer → Ansporn zum Rebellieren durch die **ideale Geliebte** (= Moritz' Sprachrohr)
- Mias „Selbstgespräche" mit idealer Geliebten auch als **geistige Verwirrung** deutbar

- Mias persönliches Unglück und ihr psychischer Zustand zur öffentlichen **Staatsaffäre** und zur Bewährungsprobe für die METHODE erhoben
- entscheidender Einschnitt für Mias Entwicklung: Rosentreters Beweis, dass Moritz unschuldig ist → von da an **keine Selbstzweifel mehr**, selbstsicheres Eintreten für ihre Ansichten
- **Mias Standhaftigkeit:** kein falsches Geständnis, Ertragen von Folter, Bereitschaft zum Tod → **Verlust ihrer Stärke** durch überraschende Begnadigung und **Entmündigung**

Soziologische Lesart

- staatlich regulierte Zuordnung der Partner nach Immunsystemen (zum Erhalt gesunder DNA) → massive **Einschränkung der freien Partnerwahl**, Ähnlichkeit zur **NS-Rassenhygiene**
- gesellschaftlicher Umgang mit Krankheit in der METHODE: Krankheit als historisches Phänomen und unzulässige Abweichung → **Verklärung der Gesundheit** zum Religionsersatz, zur Staatsideologie, zum sichtbar gewordenen Willen und zur Bereitschaft zur Höchstleistung
- **Unmenschlichkeit** der rein auf Vernunft fixierten METHODE → Ignorieren von Gefühlen, von Liebe, von Affekten und von individuellen Eigenschaften
- Kritik am Staat: Vorschieben von Sicherheitsbedenken zur **Beschneidung der Freiheitsrechte der Bürger** → in Wahrheit: Streben nach mehr Kontrolle und Überwachung
- Kritik an den Bürgern: **allzu großer Gehorsam** gegenüber dem Staat, gutgläubige **Preisgabe von persönlichen Daten** → mehr Engagement, Sensibilität und Zivilcourage nötig
- **Rolle der Medien** in der METHODE: Staatspropaganda → **keine Meinungspluralität**
- Kramers **Populismus**, **Demagogie** und **Fanatismus** in seiner Rolle als Topjournalist und Chefideologe der METHODE (Kramer als geheimes Staatsoberhaupt? vgl. Kapitel *Zu Ende*)
- Mias Nachbarinnen (außer Driss) als personifiziertes **Mitläufertum**, als Opportunisten

Politische Lesart

- Staatsform in *Corpus Delicti:* Gesundheitsdiktatur → **totalitärer Überwachungsstaat**
- „Übereinstimmung von allgemeinem und persönlichem Wohl" von Kramer als Ziel definiert (S. 87) → **heuchlerische Doktrin**, denn Entscheidung, was „Wohl" ist, fällt die METHODE
- körperliche Gesundheit zum höchsten politischen Wert deklariert (Kramer: „[d]as Störungsfreie, Fehlerlose, Funktionierende", S. 181) → **keine Toleranz** für Schwäche, Fehler, Individualität
- verschiedene Weltbilder – verschiedene politische Auffassungen:
  - historische Legitimierung der METHODE durch Kramer (vgl. S. 88 f.): nach zwei Weltkriegen → **Entideologisierung** → Einsamkeit, Werteverfall → Unsicherheit, Angst: Geburtenrückgang, Krankheiten, Terror → METHODE = **neues Sinnangebot**
  - Moritz' Philosophie der Liebe (vgl. S. 26 f.): Zerstörung des göttlichen Weltbildes durch Naturwissenschaften → Mensch im Zentrum ohne neue Orientierung → **Liebe als Leitbild** und als Sammelbegriff für Freiheit, Naturverbundenheit und Pluralismus
  - Mias Staatsverständnis (vgl. S. 158 ff.): Abgrenzung von sinnlosen Revolutionen, Staat nur auf eine Weise legitimierbar: durch bestmögliche Unterstützung bei „natürliche[m] Streben der Menschen nach Leben und Glück" (S. 161) → ansonsten **Recht auf Widerstand**
- Mobilisierung von **Systemgegnern** durch Mias Fall:
  - radikale R.A.K. („Recht auf Krankheit", vgl. RAF): **Gewalt gegen Unschuldige** → Berufung auf Mia als Symbolfigur, entschiedene Ablehnung dieser Vereinnahmung durch Mia
  - **gewaltlose Proteste** und Demonstrationen der wachsenden Anzahl der Anti-Methodisten
  - **offenes Ende** des Romans: Erfolge der Systemgegner oder endgültiger Sieg der METHODE?

Auf einen Blick

E. Mühsam: Appell an den Geist

- (kommunistische) Kritik am kapitalistischen Staat
- Unterwerfung der Mehrheit unter eine Minderheit – bis ins Denken hinein
- Vorwurf an Künstler: elitäre, abgehobene Haltung ➞ Aufruf, mit anderen Unterdrückten gegen die Verhältnisse aufzubegehren

K. Tucholsky: Der Untertan

- Manns kritische Entlarvung des „deutschen" Denkens: Befehls-, Gehorsams-, Erfolgssucht
- Bestätigung seiner Kritik durch die Geschichte
- Abschieben von Verantwortung in Kollektiven

positives Urteil

negatives Urteil

J. Froberger: Heinrich Manns neuester Zeitroman

- starke Kritik an Manns ausschließlich pessimistischem Blick auf die deutsche Gesellschaft
- Lob seines sprachlich-stilistischen Könnens ➞ Bedauern, dass Mann dieses nicht für würdigere Inhalte nutzt

Viele Rezensenten regten sich über Manns negativen Blick auf Deutschland auf: Fritz Mack warf ihm „literarische[n] Pamphletismus" und Josef Nadler „Haßverblendung" vor.

Erich Mühsam: Appell an den Geist [gA/eA]

Textgrundlage

- Aufsatz (1911) in der von Mühsam selbst herausgegebenen Zeitschrift *Kain*
- Darstellungsziel: **kritische Gegenwartsdiagnose** und Aufruf zu **politisch engagierter Kunst**
- Erich Mühsam (1878–1934): antimilitaristischer Autor und Publizist; Freundschaft zu H. Mann

Inhalt

- anthropologische **Grundannahmen:**
  - Mensch als **Gemeinschaftswesen** → Abhängigkeit der Menschen voneinander
  - **Grundkonflikt:** Mensch als die **Natur bearbeitendes Wesen** vs. Mensch als **faules, genuss- und machtorientiertes Wesen**
- **Gegenwartsdiagnose:**
  - gegenwärtiger **Kapitalismus** als **erbärmlichste Art und Weise**, wie mit dem menschlichen Grundkonflikt umgegangen werden könne
  - **sozialistische Perspektive:** Ausschluss der großen Mehrzahl an Menschen von der Verfügung über Produktionsmittel zugunsten einer kleinen, sich bereichernden Minderheit → Gegensatz zwischen Elend auf der einen Seite und Luxus/Ausbeutung auf der anderen Seite
  - **Staat** als Instanz, die diese ungerechten **Verhältnisse** durch Zwang und Gesetze **sichert**
  - „verlogene Ethik": deformiertes Freiheitsverständnis, verzerrte Kommunikation („Kauderwelsch der Politik")
  - **Unterwerfung des Menschen** durch Staat und Obrigkeit bis **ins Denken** hinein
  - Verspottung und Ächtung von Menschen, die gegen die Verhältnisse aufbegehren wollen, durch die „Philister", die auch die Presse unter sich hätten
  - Einigkeit der Parteien: Feindschaft gegenüber freiem Denken und Sprechen
- **Rolle der Künstler:**
  - **elitäre Haltung** der meisten Künstler: Verachtung für die soziale Not des Volkes → Einordnung solcher Künstler als „Philister"
  - aber **eigentlich missliche Stellung** des Künstlers: entweder muss er seine Kunst auf den „verrotteten Geschmack des Banausentums" abstimmen (wenn seine Kunst dem Lebensunterhalt dient) oder seine Kunst bleibt den Menschen fremd (wenn er kreieren kann, was er will)
  - **Ideal: Einheit von Geist und Volk**, Kunst als **Ausdruck der „Seele des Volkes"**

- **Aufruf an die Künstler**, …
  - ihre **elitäre, wirklichkeitsenthobene Haltung aufzugeben** und würdige **Werke** zu schaffen, die der **Wahrheit verpflichtet** sind und die **Wirklichkeit umzugestalten** helfen
  - mit anderen Ausgegrenzten und Opfern für **Gerechtigkeit und Kultur** einzustehen sowie **Geist und Herz miteinander zu verbinden**

Ignaz Wrobel (= Kurt Tucholsky): Der Untertan (Auszüge) [gA/eA]

Textgrundlage

- Auszüge aus einer Rezension (1919) zu Heinrich Manns *Der Untertan* (in: *Die Weltbühne*)
- Darstellungsziel: äußerst **positive Bewertung** des Romans *Der Untertan*
- Kurt Tucholsky (1890–1935): gesellschaftskritischer Schriftsteller, Journalist und Publizist

Inhalt

- Würdigung des Romans als **genaue und umfassende Beschreibung** des **„deutschen Mannes“:** u. a. Befehls- und Gehorsamssucht, Rohheit, Erfolgsorientierung
- das 1914 abgeschlossene Werk als **treffende gesellschaftskritische Gegenwartsdiagnose**, die von den nachfolgenden geschichtlichen Entwicklungen bestätigt werde
- Diederich Heßling, dessen großes Vorbild Kaiser Wilhelm II. ist, als **typischer Deutscher** mit „sklavische[m] Unterordnungsgefühl und sklavische[m] Herrschaftsgelüst“
- Roman als Zeugnis der „Unfreiheit des Deutschen“, d. h. seines Untertanentums
- Roman als **entlarvende Darstellung von Kollektiven**, in denen jeder Einzelne die **Verantwortung von sich schieben** kann und allein durch seine Zugehörigkeit **gesellschaftliche Anerkennung** erfährt → dabei Kollektivität als Motor der schlimmen historischen Entwicklungen
- Beispiel für die entlarvende Gestaltung des „deutschen Seelenzustandes“: Passage, in der der Kaiser durch eine begeisterte Menschenmenge reitet → Heßling als **exemplarischer Untertan**
- Hervorhebung des positiven Charakters Buck
- **Liebe** als die Kraft, die eine Veränderung der Deutschen **zum Besseren** ermöglichen könnte

Josef Froberger: Heinrich Manns neuester Zeitroman (Auszüge) [gA/eA]

Textgrundlage

- Auszüge aus einer Rezension (1919) zu Heinrich Manns *Der Untertan* (in: *Kölnische Volkszeitung und Handels-Blatt*)
- Darstellungsziel der Auszüge: **negative Bewertung der inhaltlichen Ebene** des Romans *Der Untertan*, verbunden mit **positiver Bewertung von Stil und Sprache**
- Josef Froberger (1871–1931): Priester und Chefredakteur der *Kölnischen Volkszeitung*

Inhalt

- Roman zwar teilweise mit **satirischer Entlarvung patriotischen Denkens**, aber insgesamt zu **pessimistische Sicht auf die Gesellschaft** durch Mangel an hoffnungsstiftenden Elementen
- **zermürbende Figurenanlage** des Protagonisten mit all seinen penetrant gestalteten Schwächen
- Fehlen einer „seelenhafte[n] Ergründung innerlichen Lebens“ und innerlicher Konflikte
- Typenhaftigkeit der meisten Figuren
- Handlungsentwicklung nicht aus den Figuren heraus, sondern durch **äußere Geschehnisse** → deren **künstlerische Gestaltung** sei allerdings **herausragend**
- **Bedauern**, dass Mann sein **sprachlich-stilistisches Können** für die **überzeichnende Darstellung** von „Deutschlands Schwächen“ nutzt – und nicht für **würdigere Inhalte**

Auf einen Blick

Auch Bertolt Brecht bezog sich auf Hitlers gescheiterte Künstlerexistenz: Er verspottete ihn als „Anstreicher", d. h. als Fassadenmaler, der andere anschmiert und betrügt.

Th. Mann: Bruder Hitler

Interesse für „Phänomen" Hitler (kritischer Blick)

Deutung Hitlers als **verhunzter Künstler:** Außenseiter mit Minderwertigkeitskomplex und Allmachtsfantasien, den es aufs Feld der Politik verschlagen hat

Hitler als **„peinlicher Bruder" Thomas Manns:** Wiederkerennen eigener negativer Seiten, aber auch Abgrenzung

keine Dämonisierung, sondern Entlarvung

Thomas Mann: Bruder Hitler (Auszüge) [eA]

Textgrundlage

- Auszüge aus einem **Essay**, entstanden im Herbst 1938 (vor Übersiedelung Th. Manns in die USA)
- Darstellungsziel der Auszüge: Beleuchtung von **Hitlers Charakter** in Verbindung mit **Selbstüberprüfung/-verortung** und **Zeitanalyse**
- erstmalige Veröffentlichung in amerikanischer Zeitschrift: „That man is my brother" (1939)

Inhalt

- Th. Manns Annäherung an Hitler:
  - **Interesse** statt Hass, **keine Dämonisierung** oder Mythisierung Hitlers → ermöglicht Mann, sich selbst kritisch in Beziehung zu Hitler zu setzen
  - **Hitler als absoluter Versager** (u. a.: „zehnfach[er] Gescheiterter") im Privaten
- **Gründe für Aufstieg Hitlers:**
  - Hitlers „massenwirksame **Beredsamkeit**" und „hysterische" Selbstinszenierung
  - **Entehrungs- und Minderwertigkeitsgefühl** im Volk wegen Niederlage im Ersten Weltkrieg → Empfänglichkeit für Hitlers Verheißung/Beschwörung der (künftigen) Größe Deutschlands
  - „Widerstandslosigkeit" (= **Appeasement-Politik**) Europas und „Primitivierungsprozeß": **Rückfall in Barbarei**; Faschismus als Gegenbewegung gegen Geist, Intellekt und Analyse
  - Hitlers **Glück** (wie im Märchen)
- Hitler als **„Erscheinungsform des Künstlertums"**, da er Charakteristika des Künstlers aufweise:
  - Existenz des **Außenseiters**
  - Stolz und Überheblichkeit: Ablehnung einer bürgerlichen Arbeit; Glaube an **Auserwähltheit**
  - schlechtes Gewissen und Schuldgefühle, **Welthass**, Allmachts- und Vergeltungsfantasien
  - Wunsch, **Minderwertigkeitsgefühle zu kompensieren**
- Th. Mann entdeckt **„peinliche Verwandtschaft" zu Hitler:**
  - Hitler nicht als der Andere/Fremde, sondern als Möglichkeit des eigenen Charakters: als **missratener, peinlicher Bruder**
  - beide als Künstler, doch ist Hitler ein **aufs Gebiet der Politik versetzter Künstler:** Politik als Ausweg aus seinem umfassenden Scheitern (auch im Bereich der bildenden Kunst)
  - Hitler als **Genie** auf niederster geistig-moralischer Stufe, wobei der Begriff „Genie" nicht als moralische, sondern als ästhetische Kategorie angewendet wird: → Hitler als **„Verhunzung" der Idee des großen Mannes** (Verbindung von Verrücktheit und Besonnenheit)
- Hoffnung auf Zukunft: **Mittlertum der Kunst**, die Brücke baut zwischen „Geist und Leben"

Auf einen Blick

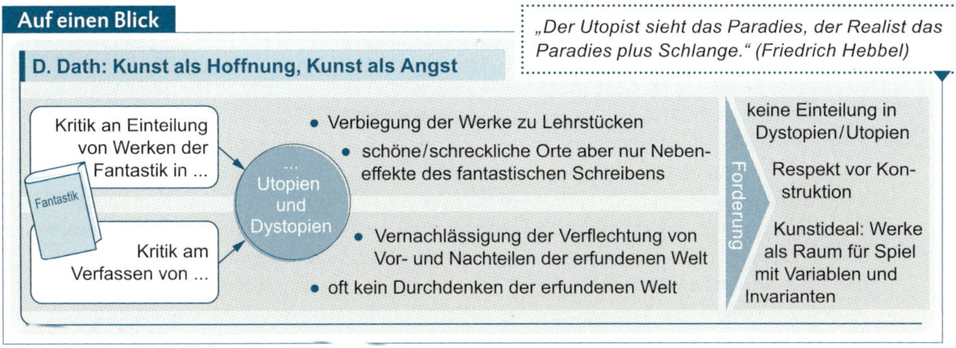

Dietmar Dath: Kunst als Hoffnung, Kunst als Angst [eA]

Textgrundlage

- Eröffnungsvortrag beim Literaturfestival „Literatur im Herbst" (2018) in Wien
- Darstellungsziel: **Kritik am Umgang mit literarischer Fantastik**
- Dietmar Dath (geb. 1970): Schriftsteller und Journalist

Inhalt

- **Kritik** an der ständigen feuilletonistischen und literaturwissenschaftlichen **Einsortierung** von Werken der literarischen Fantastik in hoffnungsstiftende **Utopien** und warnende **Dystopien** → Verbiegung der Werke zu **didaktischen Lehrstücken**
- Verdeutlichung der **Unangemessenheit** solcher **didaktisierenden Perspektiven** anhand von früheren Werken, deren lehrstückhafte Auslegung offensichtlich absurd wäre
- Einteilung in Utopie/Dystopie als eine „Erfindung" der Literatur-/Kulturwissenschaften
- Kritik an literarischen Utopien (bzw. Dystopien), die einen **Vorteil (bzw. einen Nachteil)** einer vorhandenen gesellschaftlichen „Einrichtung" so ausgestalten, dass deren **Nachteile (bzw. Vorteile) unsichtbar** werden → Vor- und Nachteile seien aber immer miteinander verwoben
- schöne (utopische) oder schreckliche (dystopische) Orte in der spekulativen Fantastik oft nur ein **Nebeneffekt** der **künstlerischen Durchgestaltung** einer erdachten Welt
- Darstellung der **Verflechtung von Vor- und Nachteilen** einer erdachten Welt nur möglich durch eine **Erläuterung** der Zustände oder durch **Beklagen** der Zustände → Interpretationsfehler, diese Erzähltechniken immer gleich in Richtung „Utopie" oder „Dystopie" zu deuten
- Kritik an **George Orwell**, ...
  - ... der die Kategorien „Warnen" (Dystopie) und „Hoffen" (Utopie) sinnvoll zu finden schien
  - ... der in seinem **dystopischen Werk 1984** die erfundene Welt **nicht stimmig durchdacht**, die **Verflechtung von Vor- und Nachteilen vernachlässigt** und den Inhalt auf **Belehrung** ausgelegt habe
- kunstgerechte spekulative Fantastik: prozesshaftes, **ergebnisoffenes Erschließen des Stofflichen und Thematischen**, anstatt dieses vorauszusetzen und lehrstückhaft auszuführen – dabei Interesse für die Frage, welche Aspekte der menschlichen Verhältnisse **(un)veränderbar** sind
- **Appell:** „Respekt vor der Konstruktion" erdachter Welten und **Verzicht auf didaktischen Blick**
- künstlerisches Ideal der Fantastik: **größtmöglicher Spielraum** für das Spiel mit den Variablen und Invarianten des menschlichen Lebens
- **Offenheit** literarischer Fantastik **statt Verengung** auf utopische oder dystopische „Lektion"

Allgemeines

Der Begriff **Epik** bedeutet seiner Herkunft nach so viel wie **Rede, Erzählung oder Geschichte**. Deshalb bezeichnet er als **Gattungsbegriff** die **erzählende Literatur**, zu der **alle Möglichkeiten des fiktiven Erzählens** gehören. Es ist nicht entscheidend, ob dieses Erzählen in **Versform** oder in **Prosa** geschieht, auch wenn es sich fast immer um Prosatexte handelt. Auch die Länge eines epischen Textes kann unterschiedlich sein, sodass man zwischen **kleineren Formen** wie Märchen oder Kurzgeschichte, **mittleren Formen** wie der Novelle und **Großformen** wie dem Roman unterscheidet. Gattungsbestimmend ist dagegen das **Vorhandensein eines Erzählers**, der dem Leser eine Geschichte vermittelt. In der Regel handelt es sich um ein **fiktives Geschehen**, auch wenn es durchaus auf realen Begebenheiten (z. B. historischen Orten, Umständen, Personen oder Ereignissen) oder auch auf einem bereits vorhandenen Stoff basieren kann, in dem der Autor sein Thema findet. Der Autor entscheidet dann, was er betont, was er weglässt oder hinzuerfindet, sodass eine **neue poetische Wirklichkeit** entsteht.

Erzähler

- **Autor und Erzähler** sind nicht identisch, sondern der Erzähler ist eine vom Autor geschaffene fiktive Instanz, die dem Leser die Geschichte vermittelt:
  - Erzähler kann, muss aber nicht eine Figur der erzählten Wirklichkeit sein
  - selbstbewusster Erzähler: **deutlich erkennbarer Erzähler**, der das Geschehen kommentiert oder den Leser direkt anspricht
  - geschwächte Erzählerposition: **Erzähler** zieht sich **hinter seine Figuren** zurück und lässt diese (z. B. in wörtlicher Rede) unkommentiert zu Wort kommen
- Unterscheidung in der **Erzählform** zwischen Ich-Form und Er-Form:
  - **Ich-Form:** Erzähler ist zugleich handelnde Figur, die die dargestellten Ereignisse selbst (mit-)erlebt hat und sie deshalb meist mit wenig Distanz und recht subjektiv wiedergibt
  - **Er-Form:** Erzähler berichtet in der dritten Person von Erlebnissen anderer, was ihm mehr Spielraum und größere Objektivität verschafft, auch wenn er sich durchaus durch Kommentare einmischen kann
- **Erzählverhalten/Erzählsituation:** Stellung des Erzählers zur Geschichte bzw. Art und Weise des Erzählens:
  - **auktoriales Erzählverhalten/auktoriale Erzählsituation:** „allwissender" Erzähler überblickt das gesamte Geschehen, das er auch kommentieren und bewerten kann, obwohl er außerhalb steht; teilweise auch direkte Ansprache des Lesers und kritische Stellungnahme
  - **personales Erzählverhalten/personale Erzählsituation:** Erzähler tritt zurück, indem er die Perspektive einer Figur einnimmt (ohne dass deshalb in der Ich-Form erzählt werden würde)
  - **neutrales Erzählverhalten/neutrale Erzählsituation:** Erzähler tritt ganz zurück und bleibt neutraler, unbeteiligter Zuschauer, der das Geschehen aus der Distanz vermittelt
  - **Ich-Erzählung** kann auktoriales, personales und auch neutrales Erzählverhalten zeigen, je nachdem wie unmittelbar der Ich-Erzähler in die Ereignisse einbezogen ist
- **Erzählperspektive:** Blickwinkel, aus dem der Erzähler auf das Geschehen blickt – bestimmt vom zeitlich-räumlichen Abstand und vom Umfang des Überblicks:
  - **Außensicht:** Erzähler gibt nur äußerlich Wahrnehmbares wieder, da sein Standort sich außerhalb des Geschehens und der Figuren befindet
  - **Innensicht:** Erzähler blickt in das Innere der Figuren hinein

- **Darbietungsformen:** sprachliche Vermittlungsweise des Erzählers, durch die er den Leser am Geschehen teilhaben lässt
  - **Erzählerbericht:** alle Äußerungen des Erzählers, aber nicht die Äußerungen der handelnden Figuren – Unterscheidung zwischen zeitlicher Erzählweise (zeigt die Handlung in ihrem Ablauf) und zeitloser Erzählweise (z. B. Beschreibung von Orten oder Figuren, die aus zeitlichem Ablauf herausgenommen ist)
  - **Figurenrede/Gedankenrede:**
    - **direkte Rede:** gibt Wortlaut des Gesagten/Gedachten unverändert wieder
    - **indirekte Rede:** Wiedergabe in der 3. Person und im Konjunktiv – Erzähler erzählt, was jemand gesagt hat
    - **erlebte Rede:** steht zwischen direkter und indirekter Rede – gibt meist Gedanken einer Person ohne Redebegleitsatz wieder (z. B. ohne „er dachte"); Kennzeichen: 3. Person, Präteritum, Sprech-/Denkweise der Figur (z. B. hinsichtlich der Wortwahl, Ausrufe wie bspw. „ach")
    - **innerer Monolog:** unmittelbare Darstellung der Eindrücke und Gedanken einer Person in Ich-Form und Präsens („Stream of Consciousness" = Bewusstseinsstrom: besonders radikale, assoziative Form)

Darstellung der Handlung

- **äußere Handlung:** Abfolge der (äußerlich sichtbaren) Ereignisse
- **innere Handlung:** geistig-seelische Vorgänge, welche die äußere Handlung beeinflussen

Raum- und Zeitgestaltung

- **Raum:** nicht nur örtlicher (Handlungsraum), sondern auch sozialer Rahmen (Lebensraum), in dem sich die Handlung abspielt
- **geistiger Raum:** Raum der Gedanken, Gefühle, Wünsche, Träume und der Fantasie
- **Raummotive mit symbolischer Bedeutung:** Beschreibung eines bestimmten Raumes, um dadurch Atmosphäre und Stimmungen zu erzeugen (z. B. Tor als Grenze zwischen verschiedenen Welten)
- **Erzählzeit:** Dauer des Erzählens bzw. Lesens
- **erzählte Zeit:** Dauer des erzählten Vorgangs
- **Zeitraffung:** Erzählzeit ist kürzer als erzählte Zeit, wenn z. B. Ereignisse mehrerer Jahre auf einer halben Seite zusammengefasst sind
- **Zeitdeckung:** Erzählzeit entspricht der erzählten Zeit (z. B. bei wörtlicher Rede)
- **Zeitdehnung:** Erzählzeit ist länger als die erzählte Zeit, wenn das erzählte Ereignis in Wirklichkeit viel schneller vorbei ist als die Erzählung davon (z. B. detaillierte Beschreibung eines Autounfalles)
- **Rückblende:** Unterbrechung des zeitlichen Ablaufs der Erzählung durch Rückblicke in die Vergangenheit
- **Vorausdeutung** (wird oft zur Spannungssteigerung verwendet):
  - **zukunftsgewisse Vorausdeutung:** Blick eines auktorialen Erzählers voraus in die Zukunft
  - **zukunftsungewisse Vorausdeutung:** Andeutung zukünftigen Geschehens (z. B. über einen Orakelspruch, einen Traum oder Befürchtungen einer Figur)

Allgemeines

Der Begriff Lyrik stammt vom griechischen Wort „lyra", das das **älteste Saiteninstrument** bezeichnet. Daran wird schon die **enge Verbindung der Lyrik mit der Musik** ersichtlich. Hier wie dort spielen **Klang, Rhythmus, Metrik und Komposition** eine tragende Rolle. Typisch für die Lyrik ist ihre Kürze und die Strukturierung in Verse: Gedichte haben festgelegte Zeilenumbrüche. Lyrische Texte sind darüber hinaus oft von einer starken Unmittelbarkeit der Darstellung und von großer Gefühlsintensität geprägt. Charakteristisch sind die **verdichtete Sprache**, die sich auch meist in einer gesteigerten Verwendung von rhetorischen Mitteln äußert, und die **hohe Subjektivität**. In manchen Gedichten finden sich allerdings auch **epische und dramatische Elemente**, zum Beispiel in Balladen bzw. Erzählgedichten.

Lyrisches Ich

- lyrisches Ich (auch: lyrischer Sprecher) = **Sprecher in einem Gedicht:** Mitteilung eines Gefühls, einer Erfahrung, einer Erkenntnis etc.
- **Verhältnis zum Autor bzw. zur Autorin:** lyrisches Ich als fiktives Ich, das **nicht einfach mit Autor bzw. Autorin gleichgesetzt** werden darf

Bauelement

- **Vers:** (meist) metrisch gegliederte Zeile eines Gedichts
- **Strophe:** durch Abstand markierte Einheit aus zwei oder mehr Versen – bestimmte Strophenformen:
  - **Liedstrophe:** meist vier (gelegentlich bis zu neun) Verse; oft Regelmäßigkeit in Metrik, Reim und Rhythmus in allen Strophen
  - **Terzine:** drei Verse mit fünfhebigem Jambus und Reim aba/bcb/cdc …
  - **Kanzonenstrophe:** zwei gleiche Versgruppen als Aufgesang und ein dritter Teil als Abgesang
  - **Stanze:** acht Verse mit fünfhebigem Jambus und Reim abababcc
- **Refrain:** regelmäßige Wiederholung bestimmter Verse (meist Versgruppen) in Gedichten bzw. Liedern, die strophisch angelegt sind
- **Enjambement** = Zeilensprung: Satz geht über das Versende hinaus

Verslehre

- Metrum = **Versmaß:** Schema betonter (Hebungen) und unbetonter Silben (Senkungen) innerhalb eines Verses (bestehend aus Versfüßen)
- Versfüße: **Jambus** (betonte Silbe folgt auf eine unbetonte – xx́); **Trochäus** (unbetonte Silbe folgt auf eine betonte – x́x); **Anapäst** (betonte Silbe folgt auf zwei unbetonte – xxx́); **Daktylus** (zwei unbetonte Silben folgen auf eine betonte – x́xx)
- Bestimmung des Metrums nach **Versfüßen und Anzahl der Hebungen**, z. B.: 4-hebiger Trochäus
- **alternierendes Metrum:** regelmäßiger Wechsel von betonten und unbetonten Silben → bei Jambus und Trochäus
- **Auftakt:** unbetonter Versbeginn – unbetonte Silbe(n) vor der ersten Hebung in einem Vers
- **Füllungsfreiheit** (auch Senkungsfreiheit): freie Anzahl von Senkungen zwischen Hebungen mit festgelegter Anzahl (z. B. teilweise in Volksliedstrophen)

- **Tonbeugung:** fehlende Entsprechung von metrisch geforderter und natürlicher Betonung (z. B.: „ein Wort, daraus Tiefsinn und Trauer rinnt" → nach dem Schema des 5-hebigen Jambus müsste gegen die natürliche Betonung „Tief" unbetont und „sinn" betont sein) → erfordert oft eine **schwebende Betonung** (= Ausgleich der Tonbeugung – beide Silben ähnlich betont)
- **Hebungsprall:** Aufeinandertreffen zweier Hebungen
- **Zäsur:** Unterbrechung des Versrhythmus (z. B. durch einen Hebungsprall, einen syntaktischen oder inhaltlichen Einschnitt)
- Feste Bezeichnungen für **Versmaße:**
  - **Alexandriner:** sechshebiger Jambus (meist mit Zäsur in der Mitte)
  - **Vers commun:** zehnsilbiger Vers mit Zäsur nach der vierten oder sechsten Silbe
  - **Hexameter:** antike Versform aus 5 Daktylen und einem Trochäus
  - **Pentameter:** antike Versform aus 4 Daktylen plus Hebung nach 2. und 4. Daktylus, mit Zäsur
- **Kadenz** = Versschluss:
  - **männliche/stumpfe Kadenz:** Vers endet mit Hebung, z. B. „Haus"
  - **weibliche/klingende Kadenz:** Vers endet mit Folge von Hebung und Senkung, z. B. „gehen"
  - **reiche/gleitende Kadenz:** Vers endet mit Folge von Hebung und zwei Senkungen, z. B. „Ebene"
- **freie Rhythmen:** Fehlen eines metrischen Schemas und einer Reimstruktur, dennoch mit einem bestimmten Rhythmus

Reim

- **Reim:** Gleichklang von Wörtern ab dem letzten betonten Vokal
- **Reimqualität:**
  - reine Reime: genauer Gleichklang vom letzten betonten Vokal an (z. B. rennen – kennen)
  - unreine Reime: ungenauer Gleichklang (z. B. süß – Paradies)
  - rührende Reime: Gleichklang von Wörtern bei Bedeutungsverschiedenheit (z. B. Lid – Lied) oder sogenannter identischer Reim bei völlig gleichen Wörtern (z. B. lebt – lebt)
  - Assonanz: nur Vokalgleichklang (z. B. leben – stehen)
- **Reimquantität:**
  - einsilbige Reime mit männlich stumpfer Kadenz (z. B. Haus – Maus)
  - zweisilbige Reime mit weiblich klingender Kadenz (z. B. gehen – stehen)
  - dreisilbige, gleitende Reime (z. B. Reitender – Bestreitender)
- **Reimstellung:**
  - Anfangsreim: erste Wörter von aufeinanderfolgenden Versen reimen
  - Binnenreim: Reim innerhalb eines Verses
  - Endreim: Reimklang am Versende
- **Reimfolgen/Reimschemata** des Endreims:
  - Paarreim: Reim zweier aufeinanderfolgender Verse (Reimschema: aabbcc)
  - Kreuzreim: abwechselnder Reim (Reimschema: abab)
  - umarmender Reim: Reimpaar wird von anderem Reimpaar umschlossen (Reimschema: abba)
  - Schweifreim: Paarreim mit einem anschließenden umarmenden Reim (Reimschema: aabccb)
  - Haufenreim: mehrfach aneinandergereihte Reime (Reimschema: aaa …)
- **Waise:** nicht reimender Vers in einem ansonsten reimenden Gedicht

Allgemeines

Der Begriff **Drama** kommt aus dem Griechischen und bedeutet **Handlung**. Dramentexte sind in der Regel für die Aufführung konzipiert: Die **fiktiven Figuren handeln auf einer Bühne**, um dem **Zuschauer** ein Geschehen unmittelbar zu vergegenwärtigen. Falls ein Drama nicht für das Theater gedacht ist, dann handelt es sich um ein sogenanntes Lesedrama. Der Dramentext besteht vor allem aus dem **gesprochenen Text der Figuren**, enthält aber z. B. auch Hinweise zur **Mimik und Gestik** der Schauspieler, zur **Bühnengestaltung** und zu **Requisiten**.

Dramenaufbau

- **geschlossene Form:**
  - idealtypischer **Aufbau aus Exposition, Steigerung, Peripetie, fallender Handlung und Katastrophe bzw. Lösung**
  - Einheit von Ort, Zeit und Handlung
  - zielstrebige Hinführung der Handlung auf einen Schluss hin
  - klarer Beginn und eindeutiges Ende
  - Beschränkung auf einige wenige Figuren
  - einheitliche Sprache
- **offene Form:**
  - Vielfalt in Bezug auf Ort, Zeit und Handlung
  - keine lineare Handlungsführung
  - oft kein klarer Beginn, häufig mit offenem Ende
  - viele Figuren
  - unterschiedliche Sprachebenen
  - offene, teilweise fragmentarische Bauform
- häufig **Mischformen** aus den beiden idealen Mustern

Gliederungselemente

- **Szene/Auftritt:** Gliederungselement des Dramas, meist verbunden mit Auftreten neuer Figuren bzw. Handlungs-, Geschehens- oder Schauplatzänderung
- **Akt/Aufzug:** Hauptabschnitt des Dramas, der gesamtes Stück strukturiert; beim klassischen Drama meist fünf Akte/Aufzüge, später oft weniger oder vollständiges Wegfallen der Akte/Aufzüge
- **Haupttext:** Figurenrede im Drama
- **Nebentext:** Text im Drama, der nicht von den Figuren gesprochen wird (z. B. Titel, Untertitel, Personal, Regieanweisungen usw.)

Raum- und Zeitgestaltung

- lange Zeit vorherrschende Regel zur Raum-, Zeit- und Handlungsgestaltung: **Lehre von den drei Einheiten** (ursprünglich nach Aristoteles):
  - **Einheit des Ortes:** immer gleichbleibender Schauplatz
  - **Einheit der Zeit:** möglichst Übereinstimmung von Spielzeit und gespielter Zeit, maximal Darstellung von 24 Stunden
  - **Einheit der Handlung:** klarer Fokus auf Haupthandlung; Nebenhandlung muss funktional auf Haupthandlung bezogen sein

- **Raumgestaltung:**
  - je nach Intention des Autors Annäherung des fiktiven an den realen Raum oder Entfernung davon
  - Bandbreite von der Gestaltung eines illusionistischen bzw. eines realistischen Bühnenbildes bis hin zur Aufhebung der Trennung von Bühne und Zuschauerraum bzw. Verfremdung
  - Raumgestaltung oft mit Symbolfunktion oder zur Figurencharakterisierung
- **Zeitgestaltung:**
  - Verhältnis zwischen **Spielzeit** (Dauer des Stücks ohne Pausen) und **gespielter Zeit** (Zeitspanne der dargestellten Ereignisse)
    - **Zeitraffung** (z. B. durch Auslassung bzw. Verkürzung von Handlungselementen)
    - **Zeitdehnung** (z. B. durch Reflexionen)
  - **chronologische Darstellung** der Ereignisse oder **Rückblenden** oder **Simultaneität** (gleichzeitige Darstellung verschiedener Handlungen)

Dramatische Sprache

- **Monolog:** Einzelrede einer Figur im Drama, die nicht an einen Adressaten auf der Bühne gerichtet ist
- **Dialog:** abwechselnde Rede zwischen zwei oder mehr Personen auf der Bühne
- **Mischformen:**
  - **dialoghafter Monolog:** Sprecher führt Dialog mit sich selbst (Anrede in der zweiten Person) oder wendet sich an Gott oder das Publikum
  - **monologhafter Dialog:** Dialogpartner reden aneinander vorbei oder es herrscht völlige Übereinstimmung
- **Sprechweise:** Intonation, Lautstärke, Sprechgeschwindigkeit etc. als aussagekräftige Elemente
- **„Beiseitesprechen“:** nicht an Adressaten auf der Bühne gerichtet, aber Anwesenheit anderer Figuren ist Sprecher bewusst (z. B. „lautes Denken“)

Weitere Gestaltungsmittel

- **Gezeigte / offene Handlung:** Handlung, die der Zuschauer auf der Bühne mitverfolgen kann
- **Verdeckte Handlung:** Figur auf der Bühne berichtet von einer zeitlich oder räumlich versetzten Handlung, die der Zuschauer nicht unmittelbar miterlebt:
  - Exposition (Vermittlung der Vorgeschichte)
  - Botenbericht (Figur berichtet von einem zurückliegenden Geschehen)
  - Teichoskopie / Mauerschau (Figur berichtet von einem gleichzeitig ablaufenden Ereignis, das der Zuschauer nicht sehen kann)
- **Mimik und Gestik:** Gesichtsausdruck und Körperverhalten als die Figurenrede begleitende Gestaltungsmöglichkeit
- **Requisiten:** (bewegliche) Gegenstände, die sich auf der Bühne befinden (teilweise zum Bühnenbild gehörig, teilweise Handlungsgegenstände), wie z. B. ein Buch, ein Schwert oder ein Glas
- **Kostümierung:** Kleidung, Schmuck etc.
- Anleihen aus den anderen Gattungen: **epische Elemente** (z. B. Botenbericht) und **lyrische Elemente** (z. B. Chorlied) als Teil der Bühnenhandlung

Auf einen Blick

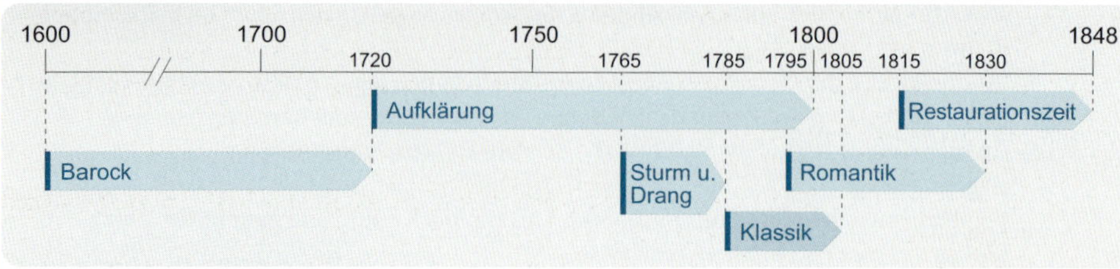

Barock (ca. 1600–1720)

- Hintergründe: Entwicklung der modernen Wissenschaften; Aufblühen des Humanismus; Absolutismus mit extremen sozialen Spannungen; große Religiosität und Religionskonflikte; **Dreißigjähriger Krieg** mit verheerenden Auswirkungen
- **Vanitas** (lat. leerer Schein, Nichtigkeit, Eitelkeit) als Zentralmotiv → **Memento mori** (lat. Gedenke des Todes): Abkehr von der Welt / Konzentration auf das Jenseits oder **Carpe diem** (lat. Genieße den Tag): Genuss des flüchtigen Moments → Streben nach Ordnung in Form und Inhalt
- starkes Formbewusstsein, **Dominanz geregelter Formen** (z. B. **Sonett** mit Alexandriner, um antithetisches Denken auszudrücken); **Regelpoetik:** poetisches Schreiben ausgehend von Regeln
- Lyrik als dominierende Gattung, aber auch Drama (Tragödien mit mythologischen Stoffen) und Epik (v. a. Schäfer- und Schelmenroman)
- vorherrschende Themen: **Krieg**, **Tod**, **Vergänglichkeit**, Religion und Scheinwelt

Aufklärung (ca. 1720–1800)

- Hintergründe: (aufgeklärter) Absolutismus; Säkularisierung und Deismus (rationaler Zugang zu Gott); Aufstieg des Bürgertums
- Orientierung an der menschlichen **Vernunft** → distanziertes Verhältnis zu Emotionen → **Empfindsamkeit** mit Aufwertung des Gefühls **als Gegenbewegung**
- **autonomes Individuum** mit Menschenrechten im Zentrum → **Toleranz** als zentraler Wert
- Themen: Ständekritik, Toleranz, Bildung, **Humanität**, **Erkenntnisfähigkeit** des Menschen
- Stilideal der **Klarheit und Verständlichkeit**
- **lehrhafte Kurzformen** der fiktionalen Literatur: Fabel, Parabel, Lehrgedicht, Epigramm, Ode und Fortsetzungsroman → Literatur soll nützlich sein

Sturm und Drang (ca. 1765–1785)

- Hintergründe: große soziale Ungerechtigkeit; absolutistische Machtpolitik und Fürstenwillkür → Aufbegehren der jungen Generation
- **starker Subjektivismus** mit Mensch als erlebendem und empfindendem Subjekt im Mittelpunkt → **Gefühlskult und Aufbruchsstimmung**
- Aufwertung der Emotionalität als **Gegenbewegung zum Rationalismus der Aufklärung**
- jugendliche **Protestbewegung**, die Fürstenwillkür, soziale Ungleichheit, materielle Not und rigide Moralvorstellungen anprangert
- Autonomie des Künstlers und seines Kunstwerkes → **Geniekult**, **Schöpfergedanke**
- Abkehr von Regelpoetiken → **Leidenschaftlichkeit der Sprache:** Ausrufe, Hyperbeln, Metaphern, Kraftausdrücke und Neologismen

- Themen: **Herz**, Natur, Freundschaft, **Liebe**, **Freiheit**, politischer Widerstand, Gerechtigkeit
- **Erlebnislyrik:** Wiedergabe der unmittelbaren Empfindungen des lyrischen Ich in freien Rhythmen, reimlosen Versen und hohem Pathos, aber auch in Einfachheit des Volkslieds
- freiere Formen (z. B. offenes Dramas); Briefroman zur Ausgestaltung individuellen Erlebens

Klassik (ca. 1786–1805)

- Hintergründe: Französische Revolution mit Terrorherrschaft; „Musenhof" unter Herzogin Anna Amalia in **Weimar** (Zusammenarbeit von **Goethe und Schiller**)
- Leitgedanken: **Harmonie**, Ausgleich der Gegensätze, **Würde**, **Humanität**, Toleranz, Selbstbestimmung, Beherrschung und Mäßigung (*Edle Einfalt, stille Größe*)
- **Ideal des Guten, Wahren und Schönen** → Forderung nach ethischer Vervollkommnung durch Orientierung an der Antike → **Erziehung des Menschen** als Aufgabe der Kunst
- überzeitliches **Humanitätsideal** → historische Umstände, Alltagssprache oder politisches Ideal spielen keine Rolle → Vorwurf an Klassik, bestehende Verhältnisse zu stützen
- Themen: Humanität, **Freiheitsidee**, **Harmonie von Pflicht und Neigung**
- Ideal der **Formstrenge:** harmonische Verbindung von Inhalt, Sprache und Aufbau
- Lyrik: klassische Formen (z. B. Elegien und Epigramme); Drama: metrisch gebundene Sprache, hoher Stil, geschlossene Form, historische/antike Stoffe; Epik: Bildungsroman

Romantik (ca. 1795–1830)

- Hintergründe: Französische Revolution mit Terrorherrschaft; zunehmendes Nationalbewusstsein durch Kriege gegen Napoleon
- Idee der Abhängigkeit des Menschen von einem Absoluten oder Unendlichen → Wiederannäherung an religiöse Denkformen → Poesie als Medium des Absoluten (**Universalpoesie**, in der alle Gattungen und Künste vereint sind) → Streben nach **Gesamtkunstwerk**
- Blick nach innen → **„Blaue Blume"** als Symbol für metaphysische **Sehnsucht nach dem Fernen und Unerreichbaren** sowie den eigentlichen Seinszusammenhängen
- Themen und Motive: Natur als Bereich des Unendlichen, **Sehnsucht**, **Traum**, **Wahnsinn**, Entgrenzung, Einsamkeit, Vergänglichkeit, Reisen, Wandern, Nacht, Fantastisches
- Idealisierung des Mittelalters und aufkommendes Nationalbewusstsein → Interesse an Volksdichtung, z. B. **Volkslied**, **Märchen** → leichte Verständlichkeit, Wohlklang, „musikalische" Sprache
- Anschreiben **gegen Philistertum und Bürgerlichkeit**
- **„romantische Ironie":** Aufzeigen der Unerreichbarkeit des Absoluten durch Texte, die sich selbst und ihre Entstehungsbedingungen reflektieren oder kommentieren
- Roman als universale Form, in der Lyrik enthalten ist (kaum Dramen)

Restaurationszeit (ca. 1815–1848)

- Hintergründe: Wiener Kongress 1815 und Restaurationspolitik; **Märzrevolution** 1848 – zunehmende Einschränkung der Freiheit, Zensur → verschiedene Strömungen: **Biedermeier** (Resignation, Rückzug ins Private), **Vormärz** und **Junges Deutschland** (politisches Aufbegehren)
- rationale Haltung und Orientierung an Fakten → Abkehr von der Romantik
- Themen des Biedermeier: **Familie**, **Ordnung**, **Beschaulichkeit**, Idylle → **heile poetische Welt**
- Themen des Vormärz und des Jungen Deutschlands: **soziale und politische Missstände** → **Kampf gegen soziales Elend und Unterdrückung** als Aufgabe der Literatur
- Veröffentlichungen in Zeitungen und Zeitschriften → vorwiegend kleinere literarische Formen

Auf einen Blick

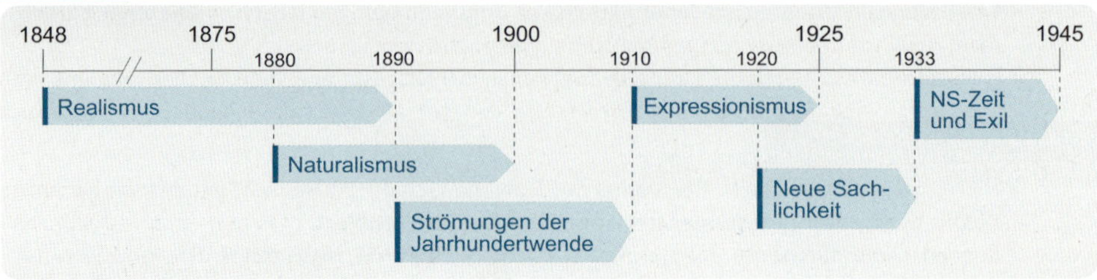

Realismus (ca. 1848 –1890)

- Hintergründe: Scheitern der Revolution von 1848; Gründung des Deutschen Kaiserreichs 1871 → preußischer Militarismus; Bürgertum als führende Schicht; Verschärfung der Sozialen Frage durch Industrialisierung; Verstädterung → **Orientierungslosigkeit** durch Verlust von Normen
- **„objektive" Schilderung** der unmittelbaren Lebenswelt, aber **Ausklammerung des Hässlichen/Niederen** sowie der Sozialen Frage → **Poetisierung** der Wirklichkeit
- Bürgertum als tragende Schicht → Darstellung **bürgerlicher Milieus und Ideale**, aber auch **historischer Stoffe** mit überzeitlichem Geltungsanspruch → Streben nach Nationalliteratur
- Themen: **Liebe**, **Vergänglichkeit**, **Heimat**, **Naturerleben**
- Entstehung eines Literaturmarktes → Verbreiterung der Leserschaft → **Unterhaltungsliteratur**
- Roman und Novelle als zentrale Gattungen; in der Lyrik v. a. Balladen
- Stil: gewählte, **neutrale Sprache**; **Humor und Ironie**

Naturalismus (ca. 1880 –1900)

- Hintergründe: **Milieutheorie = Mensch als Produkt der ihn umgebenden Verhältnisse:** Vererbung, Milieu, historische Umstände; **Industrialisierung und Proletarisierung** → Verschärfung der Sozialen Frage, Anwachsen der Großstädte zu Metropolen
- **radikalisierter, konsequenter Realismus** mit Wegfall der verklärenden Poetisierung → Blick auf **hässliche Wirklichkeit sozialen Elends** und Kritik an sozialen Verhältnissen
- „Kunst = Natur – X" (A. Holz): **möglichst Entsprechung von Kunst und Natur**, Faktor X (Autor und seine Subjektivität) soll möglichst klein sein
- Themen: **Armenmilieus**, **Familienprobleme** unterer Schichten, **Doppelmoral**, **Großstadt**, dunkle und hässliche Seiten des Lebens, Kriminalität, Geisteskrankheit, Alkoholismus
- **sozialkritisches Drama** als bedeutendste Gattung
- präzises Beobachten, **Sekundenstil** (Erzählzeit = erzählter Zeit), natürliche Sprache (z. B. Dialekt)

Strömungen der Jahrhundertwende (ca. 1890 –1910)

- Hintergründe: Infragestellen der Selbstbestimmtheit des Menschen durch die **Psychoanalyse**; starrer Wilhelminismus → Entstehung eines grundlegenden **Krisenbewusstseins** → Strömungen des **Impressionismus und Symbolismus** als Weg nach innen mit quasireligiöser Aufladung
- Idee einer reinen, sich selbst genügenden Kunst („l'art pour l'art") als **Gegenströmung zum Naturalismus** → **keine politische Funktion der Kunst**, sondern Flucht in eine Gegenwelt
- Träger: großbürgerliche Bohème, die sich in Kaffeehäusern selbst feiert
- **Impressionismus:** Wiedergabe eines subjektiven Sinneseindrucks mit höchster Intensität

- **Symbolismus:** Absolutheitsanspruch der Kunst, gegen Abbildungsfunktion der Kunst gerichtet
- Themen: **Abgrenzung zum naturalistischen Erfassen** der Realität, Besinnung auf das „Ich", Individualität, Subjektivität, Sprache, Kultur, Vergänglichkeit
- kürzere, zum Teil auch experimentelle Formen; **symbolische Verdichtung**, **Verfeinerung der Sprache**, Auflösung traditioneller Formen, **Bewusstseinsstrom**, innerer Monolog, erlebte Rede

Expressionismus (ca. 1910–1925)

- Hintergründe: **Verstädterung** und Anonymisierung, technischer Fortschritt, erstarrte wilhelminische Gesellschaft → verschärftes Krisenbewusstsein, **Sinnkrise**, Erster Weltkrieg
- Pathos des Aufbruchs und unbedingter Wille zum **Ausdruck des Erlebens**
- Bedrohung des Subjekts durch **Ich-Zerfall** → Darstellung des Körpers in Verfallszuständen
- pathetische **Beschwörung eines neuen Menschen**, der Liebe und Verbrüderung lebt („**O-Mensch!"-Expressionismus**)
- **Großstadt** (v. a. Berlin) als Ort der Reizüberflutung, Orientierungslosigkeit und Anonymität
- Erfahrung der Verhältnisse des Kaiserreichs als verkrustet → **Kriegsbegeisterung** bei einigen Autoren – nach Kriegserfahrung häufig **Pazifismus** und Verarbeitung der Erlebnisse
- Themen: Lebens- und Vitalkult, **Krieg** und Pazifismus, **Weltende und Apokalypse**, Krise des Ich, Tabus (Ästhetik des Hässlichen: Geisteskrankheit, Prostitution, Verbrechen), **Großstadt**
- **Lyrik** als präsenteste Gattung → **Reihungsstil**, elliptische Konstruktionen, Neologismen, Farbmetaphorik, Auflösung syntaktischer Regeln, Verdinglichung
- Dramatik: **Stationendrama** (lose Szenenfolge), **Wandlungsdrama** (Wandlung eines Einzelnen)

Neue Sachlichkeit (ca. 1920–1933)

- Hintergründe: von vielen abgelehnte Weimarer Republik; wirtschaftliche Schwierigkeiten aufgrund von Reparationslasten; „Goldene Zwanziger" mit kultureller Vielfalt
- dezidierte **Abkehr vom Expressionismus** und Hinwendung zur **Lebensrealität** mit ihren sozialen und wirtschaftlichen Verhältnissen und zum **sachlich-nüchternen Schreiben**
- Bewusstsein von Desillusionierung und Übergang in eine neue Zeit (Schwellenzeit-Gefühl)
- Themen: Großstadt, Verarbeitung des Kriegs, **Probleme der „kleinen Leute"**, Alltagsleben
- **Gesellschafts- und Zeitromane**, Dokumentartheater und **Episches Theater**
- Mischung von **journalistischen, dokumentarischen und literarischen Anteilen** → kühldistanzierte, **einfache**, **verständliche Sprache**

NS-Zeit und Exil (1933–1945)

- Hintergründe: **nationalsozialistische Herrschaft** mit totalitärer Durchdringung des gesamten Lebens → **„Gleichschaltung"** der Kunst und Literatur durch Bücherverbrennung, Verfolgung und Zensur; **Zweiter Weltkrieg**, Erfahrung des Exils → Freitod zahlreicher Autoren
- **NS-Literatur:** regimekonform; **Gestaltung ideologischer Motive** wie Rasse, Führertum, Deutschtum, Kampf, Gewalt, Blut-und-Boden-Ideologie → stereotype Metaphern
- **innere Emigration: getarntes Schreiben** als geistige Opposition gegen Ungeist des NS-Regimes → gehobene, oft verschlüsselte Sprache; Schreiben in europäisch-humanistischer Tradition
- **Exilliteratur:** Humanität, Opposition zur NS-Ideologie, Zeigen des „anderen" Deutschlands
- Roman vorherrschende Gattung (Reflexion der eigenen Situation), Drama nur Nebenrolle (Ausnahme: Bertolt Brecht), Verarbeitung der emotionalen Situation in der Lyrik
- Abkehr vom Stil des Expressionismus → Bevorzugung traditioneller Formen

Auf einen Blick

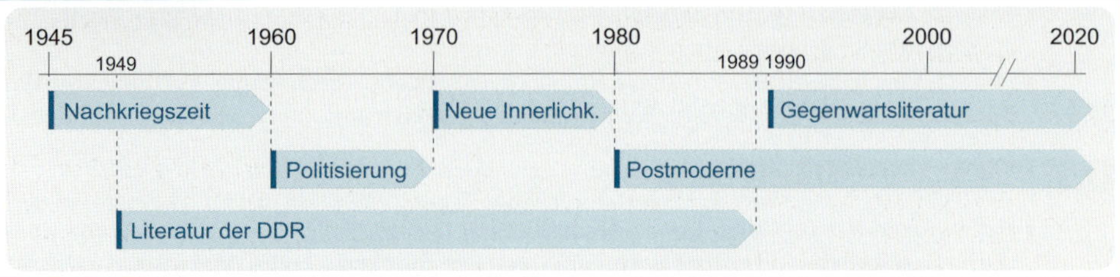

Literatur der Nachkriegszeit und des Wiederaufbaus (1945 – ca. 1960)

- Hintergründe: Ende des Zweiten Weltkriegs; **Welt in Trümmern**; „Stunde Null"; Aufteilung Deutschlands in vier Besatzungszonen; **Wiederaufbau**; Gründung der Bundesrepublik und der DDR; „Kalter Krieg"; Wirtschaftswunder; Scham, Schuld, Verdrängung angesichts der NS-Zeit
- **„Trümmerliteratur":** Betonung der Traumatisierung durch Krieg und Zerstörung
- **„Literatur des Kahlschlags":** Betonung des Neubeginns wegen Belastung der Sprache durch Missbrauch im NS-System → Frage, inwieweit Dichtung nach NS-Verbrechen noch möglich ist
- Themen: Schrecken des Kriegs, **Heimkehr**, Orientierungslosigkeit, Schuld, Scham, Klage und Anklage, Versuch der **Aufarbeitung der Vergangenheit**
- Aufkommen der **Kurzgeschichte**, zeitkritische Dramen, oft hermetische Lyrik mit schwer verständlichen Chiffren oder konkrete Poesie als sprachexperimentelle Lyrik
- Stilideal der **Nüchternheit**, Verzicht auf Pathos → **schmucklos-karge Sprache**, indirekte Ausdrucksformen (Parabeln, Chiffren, Gleichnisse)

Politisierung der Literatur (1960er-Jahre)

- Hintergründe: existenzielle Bedrohung durch „Kalten Krieg" → **Angst vor einem Atomkrieg**; Vietnamkrieg → Distanzierung von den USA; Große Koalition → Entstehung der **APO** → **68er-Bewegung** als Protestbewegung mit antiautoritären und pazifistischen Zielen
- Diskussionen über Verhältnis von Literatur und Politik → Gesellschafts- und Zeitkritik als Aufgabe der Literatur → **Politisierung der Literatur**
- Themen: **gesellschaftspolitische und soziale Probleme**, **Kritik an Verdrängung der NS-Vergangenheit**, Frage nach Rolle der Eltern im NS-Staat, deutsche Teilung
- politischer Zeitroman, **Dokumentartheater**, **politische Lyrik** und experimentelle Gedichte
- Forderung von Verständlichkeit und Abkehr von jeglichen Ideologien → teilweise Auflösung der Grenzen zwischen literarischen und nicht-literarischen Formen

Neue Innerlichkeit / Neue Subjektivität (1970er-Jahre)

- Hintergründe: Rückzug vom Politischen vs. Radikalisierung (**RAF**-Terror); Entstehung der **Frauenbewegung**; Entspannung im Ost-West-Konflikt (Ostpolitik Brandts, KSZE-Schlussakte)
- **Resignation und Identitätssuche** → Aufwertung des Individuums und seiner Subjektivität → **Neue Subjektivität/Neue Innerlichkeit:** Gestaltung subjektiver Wirklichkeit und Verarbeitung innerer Erfahrung → Tendenz zu **autobiografischer Bekenntnisliteratur**
- gesellschaftskritische **feministische Literatur** mit Infragestellung traditioneller Rollenbilder
- Themen: **Selbstfindung, Selbsterfahrung und Innenschau**, Alltag und Beziehungen, Erleben des Einzelnen im Spannungsfeld zur Gesellschaft, Gewaltstrukturen im Geschlechterverhältnis

- Lyrik und Epik als bevorzugte Gattungen zur Darstellung von Innerlichkeit
- Streben nach **Authentizität:** Tendenz zu sprachlicher Kunstlosigkeit und Umgangssprache, zugleich emotionale und subjektive Sprache

Postmoderne (Strömung der 1980er-Jahre bis heute)

- Hintergründe: **Ökologie** als neues Thema in der Politik; allmähliche Liberalisierung des Ostblocks durch Gorbatschow; atomare, ökologische, soziale Katastrophen → neues **Krisenbewusstsein**
- zunehmende **Vielgestaltigkeit der Literatur** und Fortwirken der Tendenzen der 1970er-Jahre
- Nebeneinander verschiedener „Literaturen“: Jugendliteratur, Trivialliteratur, experimentelle Literatur, gesellschaftskritische Literatur
- Annahme der Beliebigkeit von Wirklichkeit → **Infragestellen von Ideologien und Werten**
- **Konstruktivismus:** Wahrheit als gesellschaftliches Konstrukt → Pluralität von Sinnentwürfen
- Aufwertung der **Unterhaltsamkeit von Literatur** → Öffnung hin zu „Trivialgattungen“ wie Schauerroman oder Kriminalroman
- Roman als bevorzugte Gattung → zahlreiche **intertextuelle Bezüge**
- Nebeneinander und **Montage verschiedener Stile und Formen**, Vorliebe für **Ironie**

Literatur der DDR (1949–1989)

- Hintergründe: Gründung der **DDR** als Teil des totalitär regierten, sozialistischen Machtblocks unter der Herrschaft der Sowjetunion; Abschottung gegenüber dem Westen; **Stasi** → Kontrolle und **Zensur**; ab 1985 Stärkung der Bürgerrechtsbewegung; 1989 friedliche Revolution/Mauerfall
- staatlich verordnete Strömung des **Sozialistischen Realismus:** antifaschistisch, antikapitalistisch, arbeiternah → Ideal des selbstlosen und leistungsbereiten Arbeiters für das Gemeinwohl
- staatlich verordnete **Aufbauliteratur** der 1950er-Jahre: Überlegenheit des Sozialismus gegenüber Faschismus/Imperialismus
- **„Bitterfelder Weg“:** Arbeiter als Schriftsteller und Schriftsteller als Arbeiter → **Idealisierung des Arbeiters** in der Literatur
- staatlich kontrollierte **Ankunftsliteratur** der 1960er-Jahre: Einrichten im Sozialismus
- **nicht systemkonforme Literatur:** subversive Aussagen, die durch Anspielungen, Verschlüsselungen und Verlegungen des Stoffs in den Mythos an Zensur vorbeikommen
- Epik und Lyrik als zentrale Gattungen; Liedtexte als kritische Ausdrucksform

Tendenzen der Gegenwartsliteratur (1990–heute)

- Hintergründe: Wiedervereinigung 1990; Vormarsch **digitaler Massenmedien** (Internet, Smartphones, E-Books, soziale Netzwerke); islamistische Terroranschläge und Kampf gegen den Terror; **Globalisierung**; Flüchtlingsproblematik; Umgang mit Daten
- **Pluralismus:** gleichberechtigtes Nebeneinander verschiedener Menschenbilder und Kulturen → Herausforderung für Literatur, komplexer werdende Welt zu verarbeiten
- **Vermarktbarkeit** als zentrales Kriterium für Literatur → zunehmende Produktion von **Unterhaltungsliteratur** bzw. von Übersetzungen aus dem Ausland
- Themen: **Identität des Einzelnen** in globalisierter Welt, Auseinandersetzung mit DDR (**Wendeliteratur**), provokante Selbstinszenierung junger Schriftsteller und Aufgreifen von Alltagsthemen (**Popliteratur**), Fremdheitserfahrung (**interkulturelle Literatur**), biografisches Schreiben
- Roman als vorherrschende Textform
- facettenreiche Sprache, die z. T. an Ausdruckskraft verliert (→ Ausrichtung auf breites Publikum)

Sachtexte

Essay
- geistreiche und sprachlich anspruchsvolle Abhandlung zu einem Thema aus z. B. Wissenschaft, Politik, Gesellschaft, Literatur, Religion (auch: Gedankenspaziergang vor den Augen des Lesers)
- ausgehend von konkreter Fragestellung werden in freier, oft unsystematischer Form Pro- und Kontrapositionen rhetorisch geschickt dargestellt, wobei persönliche Ansichten und Erlebnisse im Vordergrund stehen können
- gekennzeichnet durch Leichtigkeit, Unbefangenheit und stilistische Virtuosität, oft Verzicht auf objektive Nachweise und definitive Antworten

Glosse
- zugespitzte, wertende Anmerkung zu tagesaktuellem Thema mit abschließender Pointe
- satirische Form des Kommentars, oft zahlreiche rhetorische Mittel (z. B. Hyperbel, Ironie)

Interview
- Wiedergabe eines Frage-Antwort-Gesprächs zwischen Journalist und einer oder mehreren Personen (meist des öffentlichen Lebens, d. h. aus Film/Fernsehen, Politik, Sport usw.)
- Ziel ist z. B. Klärung eines strittigen Sachverhalts, Vorstellung einer Person, Meinungsäußerung

Kommentar
- subjektiv wertender Meinungsbeitrag zu aktuellem bzw. allgemein bekanntem Thema
- Autor (immer namentlich genannt) legt persönlichen Standpunkt sprachlich geschickt dar, versucht Leser argumentativ zu überzeugen, teils ironisch-spöttischer Stil
- beginnt meist mit Hintergrunderläuterungen zum Thema und endet mit Fazit bzw. Appell

Rede
- öffentlicher Vortrag, meist zu einem gesellschaftlichen, privaten oder geschäftlichen Thema
- geschickter Einsatz rhetorischer Mittel und Adressatenbezug durch direkte Ansprache

Rezension
- anschaulich und präzise formulierte Zusammenfassung und persönliche Bewertung eines Buchs, einer Theaterinszenierung oder eines Films
- Ziel: Leser informieren und ggf. Empfehlung abgeben

Epik

Fabel
- unterhaltsame Erzählung von geringem Umfang mit lehrhafter Schlusspointe
- die Handelnden sind Tiere, die für menschliche Eigenschaften stehen (z. B. Biber → Fleiß)
- endet in der Regel mit „Moral“ = Lehre für den Menschen

Novelle
- Erzählung mittlerer Länge, in deren Mittelpunkt ein außergewöhnliches Ereignis steht
- Handlung in der Regel einsträngig mit Höhe-/Wendepunkt und geschlossenem Ende
- oft Leitmotive oder wiederkehrende Dingsymbole, Einfluss des Zufalls auf Schicksal der Figuren

Roman
- Erzählung von großem Umfang mit zahlreichen komplexen Figuren und Handlungsverläufen
- oft psychologisch ausgestaltete Hauptfigur
- zahlreiche Genres: Kriminalroman, Liebesroman, Abenteuerroman, Fantasyroman usw.

Kurzgeschichte
- Geschichte, die in einem Zug zu lesen ist (< 20 Seiten)
- handelt meist von alltäglichen Begebenheiten, die eine überraschende Wendung nehmen
- wenige Figuren, oftmals „Typen“ (keine Namen, übertragbar)
- in der Regel nur ein Handlungsstrang, umfasst relativ kurze Zeitspanne, kein Ortswechsel
- beginnt mit unmittelbarem Einstieg, keine Vorstellung der Figuren, rascher Handlungsverlauf (→ Höhepunkt), endet offen (d. h. mehrere Ausgänge der Handlung denkbar)

Märchen
- Ort und Zeit unbestimmt, formelhafte Sprache (*Es war einmal …*)
- Figuren / Verhalten in „gut“ und „böse“ einteilbar, das Gute gewinnt → belehrender Charakter
- Gegenstände und Figuren aus mittelalterlicher Gesellschaft (*Königssohn*) oder magischer Welt (*Zauberspiegel*), übernatürliches Geschehen (*Hexerei*), oft magische Zahlen (*3, 7, 12*)

Parabel
- Länge: meist eine oder wenige Seiten
- Wortherkunft: *parabolē* (altgriech.) oder *parabola* (lat.) → „Vergleichung, Nebeneinanderstellung“
- Anlage des Erzählten als Analogie zu einem anderen, nicht genannten Zusammenhang (von einem Vergleichspunkt aus), auf den der Leser das Erzählte deutend übertragen muss

Dramatik

Komödie
- unterhaltsames, humorvolles Theaterstück, oftmals mit klassischem Aufbau (fünf Akte)
- Protagonisten geraten aufgrund ihrer Schwächen in Konflikt, der sich immer weiter verschärft
- endet mit glücklicher Auflösung des Konflikts, in der Regel gewinnen die „Guten“

Tragödie
- tragisches, emotional bewegendes Theaterstück, oft mit klassischem Aufbau (fünf Akte)
- Protagonisten geraten durch schicksalhafte Fügungen (z. B. Verlieben in die „falsche Person“) oder menschliche Fehltritte in schwerwiegenden Konflikt
- endet meist mit dem dramatischen Tod des Helden / der Heldin und weiterer Figuren

Lyrik

Ballade
- Gedicht, in dem auf anschauliche, lebendige Weise eine Geschichte erzählt wird (Erzählgedicht)
- formal: Strophen, Verse, Reime, Metrum; sprachlich: oft wörtliche Rede; inhaltlich: spannender Handlungsverlauf (Themen: z. B. Liebe, Heldentaten) → vereint Lyrik, Epik und Dramatik

Lied
- sangbares Gedicht mit durchgängig gleicher Strophenform (oft Übereinstimmung Strophe/Satz)
- alternierende Verse mit Kreuz- oder Paarreim und schlichte, gut verständliche Sprache
- oft unmittelbarer Ausdruck lyrischen Empfindens bzw. individ. Erlebens → in Romantik beliebt

Sonett
- sprachlich und formal kunstvoll gestaltetes Gedicht
- in der Regel strenger Aufbau: zwei Quartette gefolgt von zwei Terzetten
- häufig inhaltlicher Gegensatz zwischen Quartetten und Terzetten, letzte Verse oft wie Pointe

Stilmittel	Beispiel
Akkumulation: Anhäufung von Wörtern ohne Nennung eines Oberbegriffs	*Sonne, Mond und Sterne*
Allegorie: systematisierte Metapher, die durch Reflexion erschließbar ist	*Justitia (Gerechtigkeit)*
Alliteration: aufeinanderfolgende Wörter mit gleichem Anlaut	*wunderbare Welt, Kind und Kegel, zehn zahme Ziegen*
Allusion: Anspielung	*Du weißt, was ich meine.*
Anapher: gleicher Anfang aufeinanderfolgender Sätze / Verse	*Gehe nach Hause. Gehe dorthin, so schnell du kannst.*
Anrede: Hinwendung an den Adressaten	*Meine Damen und Herren, …*
Antithese: einander entgegengestellte Begriffe, Bedeutungen oder Gedanken	*Ruhe auf dem Land, Lärm in der Stadt, Himmel und Hölle*
Aphorismus: knapp formulierter Sinnspruch	*Die Zeit heilt alle Wunden.*
Archaismus: veralteter sprachlicher Ausdruck	*Seid gegrüßt, holde Maid!*
Assonanz: vokalischer Gleichklang	*sobald, Obacht, Wohlklang*
Asyndeton: Reihung ohne Konjunktionen	*Er kam, sah, siegte.*
Chiasmus: Überkreuzstellung	*Der Einsatz war groß, klein war der Gewinn.*
Chiffre: Zeichen, dessen Inhalt rätselhaft und letztlich nicht zu erfassen ist	*Purpurne Seuche, Hunger, der grüne Augen zerbricht.*
Diminutiv: Verkleinerungsform	*Blümlein, Mäuschen*
Ellipse: unvollständiger Satz, fehlende Satzteile	*Je früher, desto besser.*
Enjambement: Satz greift auf nächsten Vers über	*Die Wolken fliegen / über das weite Land.*
Epipher: gleiches Ende aufeinanderfolgender Sätze / Verse	*Alle lieben den Hund. Die Nachbarn reden nur noch über diesen struppigen Hund.*
Euphemismus: beschönigende Umschreibung, Untertreibung	*Wir müssen Personal abbauen.* (anstatt: *Wir müssen unseren Mitarbeitern kündigen.*)
Exclamatio: Ausruf	*Hoch soll er leben!*
Geminatio: unmittelbare Wiederholung eines Wortes oder Satzteils	*Geh, geh!*
Hyperbel: sehr starke Übertreibung	*Ich warte hier schon drei Millionen Jahre auf dich.*
Inversion: Abweichung von normaler Satzstellung	*Am Straßenrand eine seltene Pflanze ich sah.*
Ironie: versteckter Spott, gemeint ist das Gegenteil von dem, was geschrieben bzw. gesagt wird	*Du bist mir ja ein Superhirn!* (anstatt: *Das war dämlich von dir.*)

Stilmittel	Beispiel
Klimax: (meist dreischrittige) Steigerung	*Sie kicherten, lachten, grölten.*
Lautmalerei: Nachahmung eines (Natur-)Lautes	*Klingeling, Kikeriki, Ticktack*
Litotes: Bejahung durch doppelte Verneinung	*Die Schüler sind nicht unwillig.*
Metapher: bildhafter Ausdruck mit übertragener Bedeutung, Vergleich ohne Vergleichspartikel	*Du bist die Sonne meines Lebens. Dein Haar ist flüssiges Gold. Wir stehen am Fuß des Berges.*
Metonymie: Verwendung eines Ausdrucks in übertragener Bedeutung (Gesagtes und Gemeintes stammen aus demselben Wirklichkeitsbereich)	*Deutschland jubelt, Kafka lesen, eine Tasse trinken*
Neologismus: Wortneuschöpfung	*Himmelsengelsstimme*
Oxymoron: Kombination aus Wörtern, die sich widersprechen	*bittersüß, alter Knabe, Hallenfreibad, Eile mit Weile*
Paradoxon: inhaltlich unlogische und widersinnige Aussage, meist in Form eines ganzen Satzes	*Der Schmerz des Verlusts erfüllte sein Herz mit Freude.*
Parallelismus: aufeinanderfolgende Sätze oder Satzteile mit gleichem Satzbau	*Nina traf Nils im Park. Max besuchte Tatjana im Café.*
Parenthese: Einschub	*Dieses Buch – ich möchte ehrlich sein – hat mir nicht gefallen.*
Periphrase: Umschreibung eines Begriffs	*„der Gefallene"* für *„Sünder"*
Personifikation: Gegenständen oder abstrakten Begriffen werden menschliche Fähigkeiten / Eigenschaften zugeschrieben	*Der Wind spielte mit ihrem Haar und streichelte ihre Wange.*
Pleonasmus: Häufung sinngleicher Wörter	*Sie ist brav, nett, lieb.*
Polysyndeton: Verbindung zwischen Wörtern und Satzteilen durch mehrmalige Wiederholung derselben Konjunktion	*Und es wallet und siedet und brauset und zischt.*
Rhetorische Frage: Scheinfrage, erwartet keine Antwort	*Wer hat noch nie einen Fehler gemacht? Hast du vollkommen den Verstand verloren?*
Symbol: Sinnbild, das für Abstraktes steht	*rote Rose* (für Liebe), *weiße Taube* (für Frieden)
Synästhesie: Vermischung von Sinnesgebieten	*goldene Töne*
Synekdoche: Ein Teil steht für das Ganze (auch Pars pro toto) oder das Ganze steht für einen Teil (auch Totum pro parte).	*ein Dach über dem Kopf haben, eine Bibliothek lesen*
Vergleich: bildhafter Ausdruck, durch Vergleichswort (*wie, als*) mit Gemeintem verknüpft	*Sie ist leicht wie eine Feder, er ist schwer wie ein Elefant.*